भारतीय एकता

भारतीय एकता

रामधारी सिंह 'दिनकर'

लोकभारती प्रकाशन

लोकभारती प्रकाशन
पहली मंजिल, दरबारी बिल्डिंग, महात्मा गांधी मार्ग
इलाहाबाद-211 001
वेबसाइट : www.lokbhartiprakashan.com
ईमेल : info@lokbhartiprakashan.com
शाखाएँ : 1-बी, नेताजी सुभाष मार्ग, दरियागंज
नई दिल्ली-110 002
अशोक राजपथ, साइंस कॉलेज के सामने
पटना-800 006
36 ए, शेक्सपियर सरणी, कोलकाता-700 017

पहला संस्करण : 1970
पहला (लोकभारती) संस्करण : 2019

मूल्य : ₹250

मुद्रक : यश प्रिंटोग्राफिक्स
नोएडा-201 301 (उत्तर प्रदेश)

BHARTIYA EKTA
Essays by Ramdhari Singh 'Dinkar'

ISBN : 978-93-88211-96-3

प्राक्कथन

पूज्य राष्ट्रकवि रामधारी सिंह 'दिनकर' को गुजरे छियालीस वर्ष हो गए। अब उनकी 110वीं जयन्ती का वर्ष बीत रहा है।

यूँ तो महाकवि दिनकर जी को राष्ट्रकवि कहा गया है पर महीयसी महादेवी वर्मा ने कहा था कि वे विश्वकवि हैं, क्योंकि उनकी कविताओं में मात्र राष्ट्रीयता की वाणी और उसकी स्वायत्तता का गौरवगान और संघर्ष नहीं है वरन् प्रेम का एक व्यापक क्षितिज है जो उन्हें विश्वकवि की श्रेणी में ले आता है। वस्तुतः दिनकर जी एक ही साथ विश्वकवि, महाकवि, राष्ट्रकवि और जनकवि–सभी हैं। उनकी विभिन्न कविताओं में भिन्न-भिन्न तौर पर उनके काव्य-व्यक्तित्व का वैशिष्ट्य प्रकट होता है।

दिनकर जी आज भी पाठकों के सर्वाधिक प्रिय कवि हैं और प्रासंगिक भी। उनकी कविताओं में आग है, राग है और अध्यात्म है। उनकी कविताओं का अवगाहन कर प्रतीत होता है कि वे अपने समकालीन कवियों से अलग तरीके से पाठकों के समक्ष प्रकट होते हैं।

दिनकर जी ने कहा था कि सच्चा कवि हमेशा जीवित रहता है—उसके प्रति राग और द्वेष के कारण उसके सामने उसका सही मूल्यांकन नहीं हो पाता। किसी कवि का सही मूल्यांकन उसके निधन के पचास वर्ष बाद होता है। और हम देख रहे हैं, जैसे-जैसे समय गुजरता जा रहा है, दिनकर जी की कविताओं की लोकप्रियता बढ़ती जा रही है।

पूर्व में दिनकर जी की सभी किताबें लोकभारती प्रकाशन से कुछ नवीन स्वरूप और अलग नाम देकर प्रकाशित हुई थीं। अब सभी पुस्तकें अपने पुराने नाम और प्रारूप में प्रकाशित हो रही हैं। आशा है, इससे दिनकर-प्रेमी हिन्दी साहित्य जगत् सन्तुष्ट होगा।

—अरविन्द कुमार सिंह

दिनकर भवन
आर्य कुमार रोड
पटना-800004

भूमिका

स्वतंत्रता तो हमने प्राप्त कर ली, लेकिन राष्ट्रीय एकता का प्रश्न ज्वलन्त रूप में हमारे सामने खड़ा है। हमारे सारे इतिहास की शिक्षा है कि हम स्वतंत्र तभी तक रहते हैं, जब तक हम एक रहते हैं। जब भी एकता खिड़की से होकर निकल भागती है, हमारी स्वतंत्रता सदर दरवाजा खोलकर चल देती है।

राष्ट्र के नेता आज राष्ट्रीय एकता के लिए चिन्ताकुल होकर काम कर रहे हैं। किन्तु एकता का सारा काम केवल राजनीति के मंच से किया जाए, यह यथेष्ट नहीं है। हमें कॉलेजों, स्कूलों और पुस्तकालयों में ऐसा साहित्य भी पहुँचाना चाहिए, जिसमें एकता के प्रश्न पर गहराई से विचार किया गया हो।

इतिहास की अप्रिय घटनाओं को झुठलाया नहीं जा सकता, न हम उन्हें बिलकुल नजरअन्दाज कर सकते हैं। हाँ, उन्हें हम इस प्रकार रख सकते हैं कि वे विद्वेष को प्रेरणा न देकर पाठकों के भीतर रचनात्मक प्रवृत्ति को जगाएँ, उनके भीतर यह एहसास पैदा करें कि अतीत की घटनाएँ तत्कालीन कारणों से उत्पन्न हुई थीं और उन्हें भूल जाने में ही देश का कल्याण है।

भारतीय एकता पर एक पैंफ्लेट लिखने का विचार मेरा बहुत दिनों से था। वह काम मैं अब पूरा कर सका हूँ। इस पुस्तिका में जो दो निबन्ध संगृहीत हैं, वे उन चार भाषणों से तैयार हुए हैं, जिनमें से दो मैंने रायपुर में और दो पिलानी में दिये थे। इस पुस्तक में इतिहास के प्रमाण कम, साहित्य के प्रमाण अधिक दिये गए हैं। मगर साहित्य के प्रमाण भी अन्ततोगत्वा इतिहास के ही प्रमाण होते हैं, क्योंकि इतिहास का सार साहित्य में, आप-से-आप, पहुँच जाता है।

हिन्दू-मुस्लिम एकता राष्ट्रीय एकता का बहुत बड़ा अंश है, किन्तु वह पूरा सवाल नहीं है। जरूरत अब इस बात की भी है कि हम उत्तर-दक्षिण की एकता को भी मजबूत बनाएँ। हिन्दू-हिन्दू की एकता, हिन्दू-मुसलमान की एकता, फिर सभी धर्मों और सम्प्रदायों की एकता—ये सारे पहलू एक ही समस्या के हैं।

जो लोग वैविध्य को अनेकता मानते हैं और वैविध्य को मिटाकर एकता लाना चाहते हैं, वे कभी भी सफल नहीं होंगे। विविधता भारत का स्वभाव है। उसकी रक्षा करते हुए जो एकता हम ला सकेंगे, वही टिकाऊ होगी और वही काम्य भी है।

विविधता जब प्रबल होती है,
युद्ध के देवता रोते हैं।
दुनिया को एक करने की सनक से,
युद्ध उत्पन्न होते हैं।

लिखने को तो प्रचार-पुस्तिका मैंने लिख दी; किन्तु मेरा श्रम तभी सार्थक होगा, जब यह किताब असंख्य स्कूलों, कॉलेजों और पुस्तकालयों में पहुँच सके।

–दिनकर

5-सफदरजंग लेन
नई दिल्ली
जुलाई, 1970

अनुक्रम

भा
र
ती
य
एकता

उत्तर-दक्षिण की एकता

राष्ट्रीय समन्वय का विचार हमारे लिए नया नहीं है। यदि हिन्दू-मुस्लिम एकता के आन्दोलन को लें, तो यह आन्दोलन महात्मा कबीरदास के समय से चलता आ रहा है। मुसलमानों के आगमन के पूर्व इस देश में हिन्दू-मुस्लिम समस्या नहीं थी, लेकिन विदेश से आनेवाली अनेक जातियों और धर्मों के जो लोग इस देश में आते रहे, उनके पचाने की समस्या जरूर रही होगी, अथवा वह भी समस्या बिलकुल ही नहीं थी। जो लोग बाहर से आकर इस देश के वासी बन जाते थे, उन्हें हिन्दू-समाज स्वाभाविक प्रक्रिया से अपने भीतर पचा लेता था, और भारत की एकता, आप-से-आप, बढ़ती जाती थी।

बड़ी अच्छी बात है कि जब-जब देश पर आक्रमण होता है, तब-तब यह देश जगकर एक आदमी की तरह खड़ा हो जाता है। लेकिन यह बुरी बात है कि देश में एकता बनाए रखने के लिए किसी अन्य देश से हमें बराबर लड़ना पड़े। यह खतरनाक बात भी है। दुनिया में ऐसे देश हैं, जो अपनी एकता बनाए रखने के लिए जबरदस्ती किसी

दुश्मन को खड़ा कर लेते हैं और उसके खिलाफ लड़ते रहते हैं, जिससे उनकी अपनी एकता बनी रहे। लेकिन यह एकता का अधम मार्ग है। हमारी एकता का अस्तित्व लड़ाइयों पर निर्भर नहीं रहना चाहिए। हमें खुद समझ-बूझकर अपनी एकता की रक्षा और उसका विकास करना चाहिए।

हमारे यहाँ एकता की जैसी जागरूकता अब है, वैसी जागरूकता पहले नहीं थी। मध्यकालीन युगों में यदि यही होती तो, यह कैसे हो सकता था कि सन् 1192 ई. में पृथ्वीराज हारे और उसके 10-15 वर्षों के भीतर ही बंगाल पर मुसलमानों का अधिकार हो गया? उस समय हवाई जहाज नहीं थे, मोटर भी नहीं थी, रेल भी नहीं थी, न लोग सुरंग से होकर यात्रा करते थे। तो विदेशी फौजें जब देश के भीतर कूच कर रही थीं, तब जनता ने उन्हें क्यों नहीं रोका? स्पष्ट ही, जनता में एकता नहीं थी, न उसके भीतर राष्ट्रीयता का भाव था।

और यह भी सच है कि जब-जब इस देश का केन्द्र मजबूत रहा है और एकता बनी रही है, तब-तब इस देश पर आक्रमण नहीं हुआ है, और जब-जब बाहरी देशों में यह खबर पहुँचती है कि भारतवासी आपस में टूट रहे हैं, लड़ रहे हैं, तब-तब बाहर से आक्रमण होता है, और केन्द्र की शक्ति क्षीण होती है।

नादिरशाह ने जब दिल्ली पर आक्रमण किया था, उसके पहले ईरान के बाजारों में यह अफवाह आम हो गई थी कि दिल्ली के मुगल सड़ गए हैं, एक-दूसरे की जड़ खोद रहे हैं, उनमें एकता नहीं है, उनमें राष्ट्रीयता नहीं है। इसलिए नादिरशाह की चढ़ाई हुई!

और जब चीन ने भारतवर्ष पर आक्रमण किया तब भी चीन इस भ्रम में था कि भाषा को लेकर, प्रान्त को लेकर, धर्म को लेकर हिन्दुस्तानी लोग आपस में झगड़ने लगे हैं। उनकी आपसी एकता मजबूत नहीं है और चढ़ाई करके चीन अचानक रुक गया।

वह रुका क्यों?—इस पर कई अनुमान लगाए गए हैं।

एक अनुमान यह भी है कि चीनी आक्रमण के विरुद्ध भारत में जो एकता और राष्ट्रीय जोश उभरा, उससे चीन घबरा गया। राष्ट्रीय एकता और राष्ट्रीय उत्साह स्वतन्त्रता की रक्षा के सबसे बड़े साधन हैं। इसलिए राष्ट्रीय एकता की चिन्ता करना सबसे जरूरी काम है।

मुश्किल यह है कि राजनीति के मंच से एकता की बात जितनी ही बोली जाती है, उतनी ही अनेकता भी फैलती है। एकता प्रचार नहीं, अनुभूति की चीज है। यह बारीक भाव है, जिसका अनुभव हृदय से किया जाना चाहिए।

प्रजाति का सिद्धान्त

राजनीति का सारा जोर हिन्दू-मुस्लिम एकता पर है, जो बहुत ही उचित बात है। लेकिन सारी समस्या हिन्दू-मुस्लिम समस्या ही नहीं है। तनाव इस बात को भी लेकर है कि ईसाई मिशनरी अनेक प्रलोभन दिखाकर गरीब हिन्दुओं को हिन्दू समाज से अलग कर रहे हैं। चिन्ता की बात यह भी है कि दक्षिण में एक आन्दोलन पैदा हो गया है, जो उत्तर का विरोध करता है, जो कहता है कि दक्षिण के ब्राह्मण आर्य-वशं के हैं और दक्षिण के ब्राह्मणेतर लोग द्रविड़ हैं। अतएव द्रविड़ों को चाहिए कि वे आर्यों को बर्दाश्त न करें।

यह क्या चीज है? इसके मूल में रेस-थ्योरी अथवा प्रजाति का सिद्धान्त है। लोग मानते हैं कि उत्तर में रहनेवाले आर्य एक अलग जाति के हैं और दक्षिण में रहने वाले द्रविड़ एक दूसरी जाति के हैं। प्रमाण में

वे यह कहते हैं कि उत्तर की सभी भाषाएँ संस्कृत से निकली हुई हैं और दक्षिण की भाषाओं का भंडार अलग है, जिसको द्रविड़ भंडार कहते हैं। इस देश के इतिहास को आप देख जाइए। किसी भी समय प्रजाति का सिद्धान्त, रेस की थ्योरी, इस देश में नहीं थी। 'द्रविड़' शब्द बहुत पुराना है, लेकिन पंचद्रविड़ में कर्नाटक, आंध्र, गुजरात, द्रविड़ और महाराष्ट्र की गिनती की जाती थी। पंचद्रविड़ प्रजाति का नाम नहीं था। यह भौगोलिक नाम था। जैसे गौड़ और मिथिला भौगोलिक नाम थे, वैसे ही द्रविड़ भी भौगोलिक नाम था। यह रेस की थ्योरी यूरोप की चलाई हुई है और 19वीं सदी में जब इस थ्योरी के अधीन बड़ी-बड़ी किताबें लिखी जाने लगीं और एशियाटिक सोसाइटी के जर्नल में लेख छापे जाने लगे, तब स्वामी विवेकानन्द को बड़ा खेद हुआ था। अपने मद्रास के भाषण में उन्होंने कहा था कि यूरोप द्वारा चलाए गए प्रजाति के सिद्धान्त के चक्कर में पड़े, तो तुम लोग लड़कर मर जाओगे। उन्होंने कहा था कि रेस की थ्योरी में विश्वास मत करो। दो अलग भाषाएँ होने के कारण दो अलग प्रजातियाँ नहीं बनती हैं, और भाषा-विज्ञान के आधार पर तुमको यह समझाया जा रहा है कि आर्य अलग जाति के हैं तथा द्रविड़ अलग जाति के। यह भ्रम की बात है। नो मिस्टर फायलोलोजिस्ट, दिस इज नौट करेक्ट। क्योंकि एक ही जाति में अनेक भाषाएँ चल सकती हैं और एक भाषा बोलने वाले लोग अनेक जातियों के हो सकते हैं।

प्रजाति का सिद्धान्त बड़ा ही खतरनाक सिद्धान्त है। हिटलर का नारा प्रजातिवाद था। जिन्ना का नारा प्रजातिवाद था। जब यूरोप को प्रजातिवाद से उत्पन्न कालकूट से पाला पड़ा, तब सन् 1939 ई. में जूलियन हक्सले ने कहा था कि 'प्रजातिवाद का सिद्धान्त झूठा भी है और खतरनाक भी।' प्रजाति के अर्थ में 'आर्य' शब्द का प्रयोग पहले-पहल सन् 1853 ई. में मैक्समूलर ने किया था और 1939 ई. में आकर हिटलर ने प्रमाणित कर दिया कि आर्यों को प्रजाति मानने के सिद्धान्त का नतीजा क्या हो सकता है। भारत को भी नहीं मानना चाहिए कि आर्य और द्रविड़

नाम दो प्रजातियों के नाम हैं। मैक्समूलर को जब अपनी गलती महसूस हुई, उन्होंने स्वयं घोषणा करके कहा था कि 'जब मैं 'एरियन' शब्द कहता हूँ, तब मेरा अभिप्राय न रक्त से होता है, न अस्थि, बाल और खप्पर से। मेरा तात्पर्य उन लोगों से है, जो आर्य भाषा बोलते हैं।'

बस, आर्य शब्द का इतना ही अर्थ भारत के लिए भी ठीक है।

स्वामी विवेकानन्द ने उन्नीसवीं सदी में जो चेतावनी दी थी, उस पर अमल न करने के कुपरिणाम हम आज देख रहे हैं। पहले यूरोपवालों ने कहा कि आर्य और द्रविड़ दो हैं, फिर भारतीय विद्वान भी उसी बात को दुहराने लगे। स्वामी विवेकानन्द के दर्द को किसी ने नहीं समझा। सब-के-सब यूरोप की नकल करने लग गए।

हम हुए, तुम हुए कि मीर हुए,
हम ही जुल्फ के असीर हुए।

आर्य कौन हैं, इसके बारे में भारी झगड़ा है। आधा देश कहता है कि आर्य बाहर से आए, उत्तर से आए, काकेशस से आए, ईरान होकर आए, काश्मीर होकर आए और आधा देश कहता है कि आर्य यहीं के हैं, वे यहीं उत्पन्न हुए थे, और यहीं से वे बाहर गए।

द्रविड़ कौन हैं?

किन्तु द्रविड़ कौन हैं, यह सवाल बहुत ज्यादा पेचीदा है। स्लाव और ईरानी भाषाओं में संस्कृत के शब्द मिलते हैं। इससे अनुमान होता है कि आर्य काकेशस और ईरान में रहे होंगे। आर्य मध्य एशिया में थे। जो लोग यह मानते हैं कि आर्य काश्मीर और पंजाब के आदिवासी थे, उन्हें यह भी सोचना चाहिए कि काश्मीर खुद मध्य एशिया का अंग है। जिस जमाने की बात हम सोचते हैं, उस जमाने में भारत और ईरान के बीच अथवा भारत और मध्य एशिया के बीच कोई सीमा-रेखा नहीं थी। अतएव मध्य एशिया आर्यों की आदिभूमि रही हो, इसमें अचरच की कोई बात नहीं है।

लेकिन द्रविड़ कौन हैं?—इस प्रश्न के समाधान में पिछले सौ वर्षों से जो कुछ लिखा गया है, उससे हमारी कल्पना ने एक विचित्र प्रकार का नक्शा तैयार कर लिया है। वह नक्शा यह है कि पहले इस देश भर में

द्रविड़ लोग रहते थे। जब आर्य उत्तर की ओर से आए, तब उन्होंने द्रविड़ों को खदेड़ना शुरू किया और खदेड़कर उन्हें विंध्यांचल के दक्षिण पहुँचा दिया। और आर्यों ने यह काम इस सफाई से किया कि उत्तर में एक भी द्रविड़ नहीं रह गया। इस अनुमान को मैं गलत मानता हूँ। उस समय लड़ाई बसने के लिए होती थी और बसने के क्रम में थोड़ी धक्का-मुक्की ही होती थी। यह मानने का आधार नहीं है कि आर्यों की द्रविड़ों से ऐसी लड़ाई हुई कि उन्होंने द्रविड़ों को सारे उत्तर भारत से निकाल दिया। अगर आर्य ऐसे ही बली और क्रूर थे, तो फिर उन्होंने द्रविड़ों को दक्षिण में ही क्यों छोड़ा? और आर्य अगर विदेशी थे, तो फिर उत्तर भारत से ही उन्हें इतना अधिक प्यार क्यों हो गया? मोहनजोदड़ो और हड़प्पा के अभिलेख पढ़े नहीं जा सके हैं। अतएव यह कहना मुश्किल है कि वह सभ्यता द्रविड़ों की थी अथवा आर्यों की अथवा उस सभ्यता के रचयिता सभी भारतीय थे!

इतिहासकारों के बीच एक अनुमान यह चलता है कि द्रविड़ मेडीटरेनियन समुद्र की राह से भारत आए और स्वभावतः दक्षिण भारत में बस गए। यदि यह अनुमान स्वीकृत किया जाए, तो आर्य-द्रविड़ संघर्ष की बात निराधार हो जाती है।

किन्तु रामचन्द्र दीक्षितर के समान कुछ भारतीय इतिहासकार हैं, जो इस अनुमान को स्वीकार नहीं करते। वे यह सोचते हैं कि दक्षिण की भूमि अधिक प्राचीन है। आदिमानव वहीं जनमा था। द्रविड़ इसी आदिमानव की सन्तान हैं। इस अनुमान से एक दूसरा अनुमान पैदा होता है। वह यह कि उत्तर की भूमि बाद में बनी और उस भूमि पर आर्यों का उद्‌भव हुआ। फिर आगे चलकर दोनों भूभागों के लोगों के बीच परिचय बढ़ा और वे एक हो गए।

मगर ये अनुमान हमें खींचकर काल की अतल गहराई में ले जाते हैं। क्या यह उचित है कि आर्य और द्रविड़ के बीच पार्थक्य दिखलाने को हम इतनी दूर की कौड़ी लाएँ, और यह प्रयास क्या हास्यास्पद नहीं है?

सोचने की सही दिशा यही हो सकती है कि उत्तर और दक्षिण के लोग अत्यन्त प्राचीन काल से इस देश में रहते आए हैं और नदियों, पहाड़ों और दूरियों के कारण उनके भीतर क्षेत्रीय विशेषताएँ उत्पन्न हो गईं। किन्तु मूल में उनकी संस्कृति एक है। उनका दार्शनिक दृष्टिकोण एक है तथा लोक और परलोक के बारे में सोचने की उनकी पद्धति एक ही रही है।

बहुत-से लोग सोचते हैं कि निवृत्ति और श्रवण-परम्परा भारत के प्राचीन धर्म में थी। जब आर्य आए, उन्होंने प्रवृत्ति और ऋषि-परम्परा का प्रचलन कर दिया। मुनि गृहत्यागी औरा ऋषि गृहस्थ होते थे। ऐसे विद्वान यह भी मानते हैं कि जिस परम्परा से जैन धर्म प्रकट हुआ है, वह परम्परा भी आर्यों से पूर्व की परम्परा थी। यह परम्परा कितनी पुरानी है, इसका अनुमान नहीं किया जा सकता। इस परम्परा के आदि आचार्य ऋषभदेव थे और ऋषभदेव का उल्लेख वेद में मिलता है।

आर्य-द्रविड़-मिश्रण

संस्कृत अखिल भारतीय भाषा कब बनी, इसका भी अनुमान लगाना कठिन है, क्योंकि दक्षिण की भाषाओं के जो प्राचीन-से-प्राचीन ग्रन्थ मिलते हैं, उन पर संस्कृत का पूरा प्रभाव है। विद्वानों का यह भी अनुमान है कि संस्कृत भाषा का जन्म उत्तर में हुआ था और तमिल सुदूर दक्षिण में बोली जाती थी; किन्तु अत्यन्त प्राचीन काल में ही दोनों भाषाओं के बीच आदान-प्रदान का काम पूरा हो चुका था। ऐसा नहीं हुआ कि केवल संस्कृत ने ही तमिल को प्रभावित किया है। संस्कृत भी तमिल के प्रभाव में आई। रेवरेंड फादर किट्‌ल ने अपने कन्नड़-अंग्रेजी कोश में ऐसे चार सौ शब्दों का उल्लेख किया है, जो मूलतः तमिल के शब्द थे, किन्तु संस्कृत में प्रविष्ट होकर उन्होंने संस्कृत के साथ ऐसी एकरूपता ग्रहण कर ली कि अब किसी को शंका भी नहीं होती कि कभी वे संस्कृत के शब्द

नहीं थे। पक्ष, भाल, ओदन, अलं, मल्ल, मन्दिर, कक्ष, नीबी, चिंचा और कुंतल–ये शब्द तमिल से निकलकर संस्कृत में आए हैं। कितने आश्चर्य की बात है कि पूजा और पंडित भी मूलतः तमिल के शब्द थे और संस्कृत में वे तमिल से ही आन मिले हैं।

भारतीय संस्कृति के निर्माण और विकास में आर्यों और द्रविड़ों ने जो प्रभूत योगदान दिया है, उसका एक प्रमाण इस 'पूजा' शब्द में भी छिपा हुआ है। पूजा शब्द पर से पंडितों ने यह अनुमान लगाया था कि यह शब्द 'पूज्' धातु से निकला होगा। पीछे अनेक विद्वानों ने कहा कि संस्कृत की मूल धातुओं में 'पूज्' धातु कहीं भी नहीं मिलती। कालक्रम में एक विद्वान ने यह पता लगाया कि तमिल में एक धातु 'पूर' है, जिससे पुष्प शब्द बनता है, दूसरी धातु 'जइ' है, जिसका अर्थ 'करना' होता है। अतएव नया अनुमान निकला कि 'पू' और 'जइ'–इन्हीं दो धातुओं के योग से यानी 'पूजइ' शब्द से 'पूजा' शब्द बना है और उसका आरम्भिक अर्थ पुष्प-कर्म रहा होगा। और, सचमुच ही, पूजा पुष्प-कर्म है। आर्यों का अपना अनुष्ठान यज्ञ था, जिसमें बलि भी दी जाती थी। पूजा तो पत्र, पुष्प, फल और तोय से ही की जाती है; किन्तु कितने आश्चर्य की बात है कि यज्ञ तो पंडितों की वेदी तक सीमित रह गया, किन्तु पूजा घर-घर में फैल गई।

भाषा को लेकर आज तमिलनाडु और शेष भारत के बीच मतभेद पैदा हो रहा है, किन्तु हमारे प्राचीन पुरखे हमसे अधिक दूरदर्शी और उदार थे। संस्कृत और तमिल भाषाओं का जन्म कैसे हुआ, इस विषय में तमिलनाडु में एक किंवदंती चलती है, जो काफी रोचक और ज्ञानवर्द्धक है। जब शंकर जी का विवाह होने लगा, उत्तर और दक्षिण के सभी ऋषि और मुनि हिमालय पर पहुँच गए। इससे पृथ्वी का सन्तुलन बिगड़ गया। अतएव जब शंकर जी का विवाह सम्पन्न हो गया, ऋषियों ने उनसे प्रार्थना की कि अब आप अगस्त्य से कहिए कि वे लोगों को लेकर दक्षिण दिशा की ओर लौटें, जिससे पृथ्वी का बिगड़ा हुआ सन्तुलन ठीक हो जाए।

अगस्त्य जी ने कहा—महाराज, हम लोगों के पास आदान-प्रदान की भाषा नहीं है। हम बात किस भाषा में करेंगे? इस पर शंकर जी ने अपने डमरू के दोनों ओर थाप मारी। फिर क्या था? दाईं ओर से संस्कृत और बाईं ओर से तमिल भाषा निकल पड़ी।

इन दोनों भाषाओं को लेकर अगस्त्य जी दक्षिण की ओर चले। रास्ते में विंध्याचल पर्वत ने भूमिष्ठ होकर उन्हें प्रणाम किया। अगस्त्य जी ने उसे आशीर्वाद दिया, 'इसी प्रकार भूमिष्ठ होकर तब तक पड़े रहो, जब तक मैं दक्षिण से नहीं लौटता।'

अगस्त्य जी दक्षिण से लौटे ही नहीं। निदान विंध्याचल अब भी भूमिष्ठ पड़ा हुआ है। नदी और पहाड़ पहले एकता की बाधा माने जाते थे; किन्तु अब रेल, मोटर, सड़क, पुल और हवाई-जहाज के कारण वे एकता की बाधा नहीं रहे। किन्तु अगस्त्य जी ने अपने समय के अनुसार विंध्याचल को अच्छा आशीर्वाद दिया था।

शंकर जी से अगस्त्य ने संस्कृत और तमिल—दोनों भाषाएँ सीखी थीं और उसी ज्ञान के आधार पर उन्होंने 'अगस्त्यम्' नाम का व्याकरण लिखा, जो तमिल भाषा का प्राचीनतम व्याकरण है। तमिल और संस्कृत का उद्गम कभी एक ही था, यह बताकर इस किंवदंती ने हमारा बड़ा उपकार किया है, बशर्ते कि इस परम्परा से हम यह शिक्षा लें कि हमारे पूर्वज हमें बता गए हैं कि भाषाओं को लेकर विवाद करना व्यर्थ है। सभी भाषाएँ कभी एक ही उद्गम से निकली थीं।

ऋषि अगस्त्य उत्तर और दक्षिण भारत के बीच प्रथम सेतु थे, इसका व्याख्यान उत्तर भारतीय परम्परा में भी है। अगस्त्य दक्षिण दिशा के स्वामी माने जाते हैं। अगस्त्य नामक नक्षत्र भी आकश के दक्षिणी भाग में उगता है। अगस्त्य ने समुद्र को पी लिया था, यह कथा पुराणों में अनेक बार आई है। सबका निकर्ष यह है कि द्रविड़ और आर्य यदि एक नहीं थे, तब भी उनके बीच समन्वय की प्रक्रिया वैदिक युग में ही पूरी हो चुकी थी।

आर्यों और द्रविड़ों के बीच सम्पूर्ण समन्वय का एक प्रमाण और है, जो यह बतलाता है कि या तो आर्य और द्रविड़ एक ही वंश के हैं अथवा उन दोनों के बीच समन्वय का काम इतना पहले पूरा हो चुका था कि वहाँ तक इतिहास की उँगली नहीं पहुँच सकती।

सन् 1926 ई. में गांधी जी ने लिखा था कि 'जो संस्कृति दूसरी संस्कृति से परहेज करती है, वह जीवित नहीं रहेगी। शुद्ध आर्य संस्कृति नाम की कोई चीज भारतवर्ष में नहीं है। आर्य मूलतः भारत के निवासी थे अथवा इस देश में हमलावर के रूप में वे बाहर से आए, इस विषय में मेरी कोई दिलचस्पी नहीं है। मेरी दिलचस्पी तो केवल इस बात से है कि हमारे पूर्वज, बहुत प्राचीन काल में ही, परस्पर मिलकर एक हो गए थे। हम उसी एकता की सन्तान हैं।'

बहुत प्राचीन काल में पृथ्वी पर एक महाप्लावन आया था, जिसका उल्लेख भारतीय और सामी–दोनों ही परम्पराओं में है। सामी परम्परा के अनुसार : इस महाप्लावन के नायक हजरत नूह थे; किन्तु भागवत में इस महाप्लावन का नेता राजा सत्यव्रत को माना गया है, जो द्रविड़ देश के थे। राजा सत्यव्रत ने एक मत्स्य को अपने कमंडलु में आश्रय दिया था, फिर उसे घड़े में रखा और जब वह और बढ़ गया, तब उसे समुद्र में छोड़ दिया। महाप्लावन के आने पर राजा सत्यव्रत ने अपनी नाव की डोरी इसी विशाल मत्स्य के सींग से बाँधी और इस प्रकार वे नई सृष्टि रचने में ब्रह्मा के साधन हुए। ब्रह्मा ने द्रविड़ देश के राजा इसी सत्यव्रत को मनु का पद प्रदान किया और वे वर्तमान महाकल्प के वैवस्वत मनु हुए।

वर्तमान कल्प के मनु द्रविड़ देश के राजा मनु हुए। इससे यह बात आसानी से समझी जा सकती है कि प्राचीन आर्यों की दृष्टि में द्रविड़ देश कितना पूजनीय समझा जाता था। इससे इस बात पर भी अच्छा प्रकाश पड़ता है कि द्रविड़ों को आर्यों से भिन्न मानना कितना भ्रामक और मूर्खतापूर्ण है।

जब से इतिहास मिलता है, वर्णाश्रम का प्रचार हम आर्यों और द्रविड़ों के बीच समान रूप से देखते हैं। ऐसा कभी नहीं था, जब द्रविड़ आर्य से जरा भी भिन्न रहे हों। आर्यों की कन्याओं का विवाह द्रविड़ कुमारों के साथ होता था और द्रविड़ों की भी कन्याएँ आर्यों को ब्याही जाती थीं। यही नहीं, आर्यों के यज्ञ में द्रविड़ पुरोहित भी होते थे।

द्रविड़ भाषाओं की सभी लिपियाँ ब्राह्मणी से निकली हैं। ब्राह्मणी का ज्ञान अशोक के समय दक्षिण भारत में भी खूब प्रचलित था, अन्यथा अशोक ने अपने अभिलेख दक्षिण में भी ब्राह्मणी में ही नहीं खुदवाए होते। दक्षिण में प्रचलित जैन परम्परा के अनुसार ब्राह्मणी ऋषभदेव की बड़ी पुत्री थी। ऋषभदेव ने ही अठारह प्रकार की लिपियों का आविष्कार किया, जिनमें से एक लिपि कन्नड़ हुई।

दक्षिण में संस्कृत

जहाँ तक संस्कृत का सम्बन्ध है, वह केवल उत्तर की ही नहीं, दक्षिण की भी भाषा रही है। श्रौत, गृह्य और धर्म-सूत्रों के रचयिता आपस्तम्ब दक्षिण में रहते थे। वैखानस-सम्प्रदाय का गृह्य सूत्र दक्षिण में रचा गया था। वेदों को पुनरुज्जीवित करने वाले महान पंडित सायणाचार्य दक्षिण में हुए थे। पुराणों में से सर्वाधिक लोकप्रिय भागवत पुराण की रचना दक्षिण में हुई। उत्तर का चिन्तन आज के समान पहले भी तुरन्त दक्षिण पहुँच जाता था और दक्षिण में उत्पन्न विचारों से उत्तर के विद्वान प्रेरित हो उठते थे। केरल के शंकराचार्य ने जब शारीरिक भाष्य लिखा, तब उस पर भामती टीका मिथिला में लिखी गई। विचित्र बात यह है कि वाचस्पति मिश्र की भामती टीका ने ही शारीरिक भाष्य का सर्वाधिक प्रचार किया अथवा इसमें विचित्रता की कोई बात नहीं है। सारा भारत एक है और उसके एक भाग का चिन्तन सारे देश का चिन्तन बन जाता है।

केवल धर्म और दर्शन के ही ग्रन्थ नहीं, साहित्य के भी कितने ही अद्भुत ग्रन्थ दक्षिण में रचे गए थे। 'गाथा-सप्तशती' के रचयिता हाल शातवाहन दक्षिण के थे। 'जानकी-हरण' काव्य के कर्ता कुमारदास लंका में रहते थे। प्रसिद्ध कवयित्री विज्जिका दक्षिण की निवासिनी थीं। भारवि दक्षिण के थे, जिन्होंने 'किरातार्जुनीयम्' लिखा। भवभूति बरार में जनमे थे और कहते हैं कि विद्याभ्यास उन्होंने कुमारिलभट्ट के चरणों में किया था। 'बृहत्कथा' के रचयिता गुणाढ्य दक्षिण के थे। अप्पय दीक्षित, भट्टोजी दीक्षित, मल्लिनाथ, मल्लिनाथ सुत और पंडितराज जगन्नाथ–ये सब-के-सब महातेजस्वी चिन्तक दक्षिण में जनमे थे। इस सूची को और अधिक लम्बा बनाना व्यर्थ है। सच तो यह है कि संस्कृत साहित्य पर जितना ऋण उत्तर वालों का है, उतना ही ऋण दाक्षिणात्यों को भी है।

हिन्दू नाम

उत्तर और दक्षिण की एकता हिन्दू नाम से भी बढ़ी है। यह नाम सिन्धु नदी से निकला है और उसके आविष्कर्ता यूनानी और ईरानी लोग थे। यह नाम मुख्यतः मुस्लिम आक्रमण के बाद से चालू हुआ और जो लोग पहले अपने को द्रविड़ या आर्य कहते थे, वे विदेशियों की नजर में हिन्दू समझे जाने लगे। हिन्दू नाम आर्य या द्रविड़ नाम से ज्यादा उदार नाम है, क्योंकि उस नाम के भीतर वे सभी लोग समा जाते हैं, जो अन्य देशों से आए थे और फिर इसी देश के धर्म और संस्कृति को स्वीकार करके यहीं रहने लगे। जब उत्तर पर विदेशियों का आक्रमण होने लगा, खाँटी हिन्दुत्व उत्तर से खिसककर दक्षिण चला गया।

बलिना कलिनाच्छन्ने, धर्मे कवलिते कलौ,
यवनैरबनी क्रांता, हिंदवो विंध्यमाविशन्।

अर्थात् जब बलवान कलिकाल ने सबको प्रच्छन्न कर दिया और धर्म उसका ग्रास बन गया तथा पृथ्वी यवनों से आक्रांत हो गई, तब हिन्दू खिसककर विंध्य की ओर चले गए।

यही कारण है कि खाँटी हिन्दुत्व का असली रूप यदि कहीं सुरक्षित है तो वह उत्तर नहीं, दक्षिण में है। शंकराचार्य के समय से हिन्दू धर्म के सभी आचार्य दक्षिण में ही जन्म लेते रहे। मध्यकाल का हमारा धार्मिक इतिहास शंकर, रामानुज, वल्लभाचार्य, मध्व और निंबार्क का इतिहास है और ये सभी आचार्य दक्षिण में जनमे थे। प्राचीन काल में धर्म की लहर उत्तर से उठकर दक्षिण पहुँची थी, किन्तु मध्यकाल में धर्म की तरंग दक्षिण से उठकर उत्तर में फैली। और आधुनिक काल में यदि उत्तर ने रामकृष्ण परमहंस को उत्पन्न किया, तो दक्षिण में महर्षि रमण का आविर्भाव हुआ। यह भी ध्यान खींचने वाली बात है कि जब श्री अरविन्द साधना करने को उद्यत हुए, दक्षिण की अध्यात्मपूत भूमि ने उन्हें अपनी गोद में खींच लिया।

शैव धर्म

हिन्दू-संस्कृति की रचना और विकास में दक्षिण और उत्तर ने जो विशिष्ट भूमिका अदा की है, उसका एक उदाहरण शैव धर्म का भी इतिहास है। शैव धर्म का जो रूप हम आज देखते हैं, उसका विकास कैसे हुआ? विद्वानों में यह मत प्रचलित हो गया है कि शैव धर्म शायद प्राग्वैदिक धर्म है, अथवा यह कि वह आर्य और द्रविड़—दोनों ही स्रोतों से उत्पन्न है।

ऐसा मानने का मुख्य कारण यह है कि ऋग्वेद में 'बाण की तरह चमकते आनेवाले' जिस रुद्र का उल्लेख है, वे रुद्र मरुतों के स्वामी हैं और उनका ठीक-ठीक मेल हिन्दुओं की आज की शैव भावना से नहीं बैठता।

आर्य बड़े ही भावुक और प्रकृति-पूजक लोग थे। उन्होंने प्रकृति के प्रिय और रमणीय रूपों पर से जैसे ऊषा देवी की कल्पना की थी, उसी

प्रकार प्रकृति के भयानक रूपों पर से उन्होंने रुद्र की कल्पना उतारी। यजुर्वेद के शतरुद्रीय अध्याय में रुद्र के साथ शिव और गिरि का भी उल्लेख मिलता है और उसके बाद, श्वेताश्वतरोपनिषद् में रुद्र की कल्पना बहुत-कुछ ब्रह्म का स्थान ले लेती है।

लेकिन ये शैव भावना की सीढ़ियाँ हैं, जो आर्य और आर्येतर संस्कृतियों के मिलन के बाद बढ़ती गई हैं।

विचारने की मुख्य बात यह है कि मोहनजोदड़ो और हड़प्पा की खुदाई में योगस्थ शिव की मूर्तियाँ भी मिली हैं, जिनसे यह अनुमान होता है कि आर्यों के आगमन से पूर्व इस देश में शिव की पूजा प्रचलित थी। फिर यह बात भी है कि शिव-पुराण में यह स्पष्ट कथा आती है कि ऋषियों ने शिव पर क्रोध किया और उन्हें शाप दे डाला, जिससे उनके लिंग के नौ टुकड़े हो गए। शिवपुराण के आधार पर ही हिन्दू शिव का प्रसाद खाना निषिद्ध मानते हैं।

एक कथा यह भी है कि दक्षप्रजापति के यज्ञ में शिव को स्थान नहीं दिया गया था। इन सारी बातों से विद्वान यह अनुमान लगाते हैं कि आर्यों के यहाँ शिव-भावना की स्वीकृति जरा विलम्ब से हुई है और आरम्भ में समाज के धार्मिक नेता इस बात के लिए तैयार नहीं थे कि लोग शिव को आर्य-देवता के रूप में ग्रहण करें।

सम्भवतः जब आर्यों का द्रविड़ों के साथ विवाह-सम्बन्ध होने लगा, तब द्रविड़ स्त्रियों के साथ शिव की भावना आर्यों के घरों में पहुँची और यद्यपि आर्य पंडित और पुरोहित इस भावना के प्रसार को अनेक उपायों से रोकना चाहते थे, तथापि गृहों में नारियों की प्रधानता होने के कारण, आर्य-परिवारों में भी यह भावना प्रचलित हो गई।

शिव-सम्बन्धी कल्पना के विकास में औष्ट्रिक और नीग्रो संस्कृतियों की भी कुछ देन है। शिव का भाँग-धतूरा खाना और श्मशान में वास करना तथा उनके साथ शव, सर्प, खप्पर एवं हाथी के चमड़े का सम्बन्ध–ये सारी बातें जंगली लोगों के संस्कारों से आई होंगी, जो

सर्प-पूजक रहे होंगे; अथवा जिनके देवता जंगली गुणों से युक्त रहे होंगे। हमारे धर्म और संस्कार ने कालक्रम में जो रूप प्राप्त किया, वह भारत में बसने वाली अनेक जातियों के संस्कारों से पोषित और पुष्ट है।

भक्ति-आन्दोलन

उत्तर-दक्षिण-एकता का एक अन्य पुष्ट प्रमाण हमारा भक्ति-आन्दोलन भी है। वैसे भक्ति के बीज वेद में भी थे और गीता में तो उसके निखरे हुए रूप का स्पष्ट उल्लेख है; किन्तु आन्दोलन के रूप में, भक्ति-मत का आरम्भ पहले दक्षिण में हुआ और वहीं से वह उत्तर को पहुँचा। कबीर, नानक और चैतन्य से पहले दक्षिण में आलवार सन्त हुए। इन्हीं आलवारों के भक्तिविह्वल पदों को पढ़कर रामानुजाचार्य भीतर से आन्दोलित हो उठे और उन्होंने आलवारों की भक्ति-भावना पर से भक्ति का दर्शन तैयार किया। आलवारों की ही विनम्र अनुभूतियों पर से प्रपत्तिवाद का दार्शनिक सिद्धान्त उत्पन्न हुआ है। ऐतिहासिक सम्बन्ध से आलवार सन्त पिता और रामानुजाचार्य उनके पुत्र ठहरते हैं; किन्तु पिता यहाँ लगभग अपढ़ और पुत्र विद्वान था; पिता कवि और पंडित था। पिता ने जो कुछ अनुभव किया, पुत्र ने उसे दर्शन का रूप दे दिया।

भक्ति-आन्दोलन दक्षिण में जनमा था, इसका प्रमाण भागवत पुराण में भी है। भागवत पुराण में भक्ति नारद से कहती है :

उत्पन्ना द्राविड़े चाऽहम्, कर्णाटे वृद्धिमागवता,
स्थिता किंचिन्महाराष्ट्रे, गुर्जरे जीर्णतां गता।

और भागवत पुराण जो कुछ कहता है, उसकी अनुगूँज एक दोहे में भी है, जो साधुओं के बीच आज भी प्रचलित है :

भक्ति द्राविड़ ऊपजी, लाये रामानन्द,
परगट कियो कबीर ने, सात द्वीप, नौ खंड।

हिन्दुओं की एकता जैसे वर्णाश्रम-धर्म, दार्शनिक दृष्टिकोण, धर्मशास्त्रों के आचरण आदि से पुष्ट हुई, वैसे ही वह कृष्ण-कथा और राम-कथा को लेकर भी बढ़ी है। रामकथा की विशेषता यह है कि उसके रंगमंच तीन हैं–अयोध्या, पम्पापुर और लंका। इस प्रकार इस कथा में सारे देश का भूगोल समा गया है और वह कथा समस्त हिन्दू जाति का इतिहास बन गई है। रामचरित और कृष्णचरित को लेकर हमारी प्रत्येक भाषा में काव्यों की रचना हुई और ये सभी काव्य हमारे जातीय काव्य हैं।

धर्म का हमारे देश में जो रूप रहा है, उसके कारण देश की भौगोलिक एकता भी एक तथ्य बन गई है। आरम्भ से ही हमारे तीर्थ देश के किसी एक भाग में नहीं, सभी भागों में स्थापित होने लगे। विशेष करके रामचन्द्र से सम्बन्धित तीर्थ–अयोध्या, जनकपुर, पंचवटी, रामेश्वरम् आदि–सारे देश की एकता को सँभाले हुए हैं।

उत्तर को आर्यों का देश और दक्षिण को द्रविड़ों का देश समझने का भाव कभी पनपा ही नहीं था। लोग आर्यों और द्रविड़ों के भेद से परिचित नहीं थे। आर्य और द्रविड़ एक ही जाति का नाम था और सारा देश एक समझा जाता था। समुद्र के उत्तर और हिमालय से

दक्षिण वाला भाग यहाँ हमेशा से एक माना जाता रहा है। पुराणों में भारत की यह भौगोलिक एकता स्पष्ट रूप से वर्णित है :

उत्तरं यत्समुद्रस्य हिमाद्रेश्चैव दक्षिणम्,
वर्षं तद्भारतं नाम भारती यत्र सन्तति।

धर्म और संस्कृति के अधीन एकता प्राप्त करने वाले इस देश के धार्मिक व्यक्ति, चाहे वे उत्तर के हों अथवा दक्षिण के, आज भी स्नान के समय भारत के विभिन्न भागों में बहने वाली नदियों के नाम एक साथ लेते हैं :

गंगा च यमुना चैव गोदावरी सरस्वती
नर्मदा सिंधु कावेरी जलेऽस्मिन् सन्निधं कुरु।

यही नहीं, प्रत्युत् देश की मोक्षदायिका नगरियों की सूची में भी उत्तर और दक्षिण–दोनों भूभागों की नगरियाँ सम्मिलित हैं, जिनका धार्मिक भाव से नामोच्चार, उत्तर और दक्षिण, दोनों भागों की जनता करती है :

अयोध्या मथुरा माया काशी काँची अवन्तिका,
पुरी द्वारावती ज्ञेया सप्तैते मोक्षदायिका।

आग्नेय और नीग्रो लोग

भारतीय संस्कृति अथवा हिन्दू संस्कृति न तो केवल आर्यों की रचना है, न केवल द्रविड़ों का निर्माण। वह आर्य द्रविड़—दोनों के योगदान से बनी है और उसके ऊपर कुछ प्रभाव उन लोगों का भी है, जिन्हें हम वन्यजन, गिरिजन और हरिजन कहते हैं। वन्यजन और गिरिजन जिस मूल जाति के उत्तराधिकारी हैं, उस मूल जाति को इतिहास में आग्नेय या औष्ट्रिक कहने का रिवाज है। सुनीतिकुमार चटर्जी ने यह पता लगाया है कि पूर्ण चन्द्र के लिए 'राका' और नये चन्द्र के लिए 'कुहू' शब्द औष्ट्रिक भंडार से आए हैं। देवरानी और जेठानी की प्रथा भी उसी समाज की यादगार है। चावल बोने का पहला प्रयोग इस देश में औष्ट्रिक लोगों ने किया था। नाव बनाने का भी पहला प्रयोग उन्हीं का था। सिन्दूर का हिन्दू समाज में बड़ा ही महत्त्व है, किन्तु वैदिक संस्कृत में उसके लिए कोई

नाम नहीं है। यों उसे नागसम्भव कहने का रिवाज है। विद्वानों ने अनुमान लगाया है कि सिंदूर की प्रथा भी औष्ट्रिक समाज से ही आई होगी।

देश की एकता पुराणों के कारण भी बढ़ी है। हमारे पुराणों में तरह-तरह की कहानियाँ हैं, जो कभी-कभी ऊटपटाँग भी मालूम होती हैं। ये कहानियाँ कहाँ से आ गईं? क्या वे केवल आर्यों और द्रविड़ों की रचना हैं? सच बात शायद यह है कि अनेक जातियों को लेकर एक विशाल हिन्दू जाति की रचना हुई थी। और बाद में भी बाहर से आनेवाले विभिन्न जातियों के लोग इस विशाल जाति में शामिल होते गए। उनके साथ नये संस्कार आए, नई भावनाएँ आईं, नई कहानियाँ आईं और वे सब-की-सब हिन्दू-संस्कृति और हिन्दू पुराणों में समा गईं। इसलिए हिन्दुओं के पुराणों में उतनी बड़ी विविधता है। इसीलिए पुराणों की बहुत-सी कहानियाँ ऊटपटाँग मालूम होती हैं।

पुराणों के कर्ता वेदव्यास के भीतर आर्य और आर्येतर–दोनों वंशों का रक्त था। इसीलिए उनकी दृष्टि उदार थी। इसीलिए यद्यपि वेद बहुत लोगों की पहुँच से बाहर रखे गए थे, पुराणों पर हमेशा से शूद्रों का भी अधिकार रहा है।

जो भी व्यक्ति निष्पक्ष होकर गम्भीरता से विचार करेगा, उसे विदित हो जाएगा कि भारत के सभी हिन्दू एक हैं। और चूँकि मुसलमानों ने भारत आने के बाद भारत को ही अपना देश मान लिया, इसलिए वे भी भारतीय हो गए। यही हाल ईसाइयों और यहूदियों का भी है। इन सभी धर्मों और जातियों के लोग भारतीय हैं और अब वे हिन्दू नहीं, बल्कि विशाल भारतीय जनता के अंग हैं।

भारत अत्यन्त प्राचीन देश है। राष्ट्रवाद का नारा बिलकुल नया नारा है। भारत की प्रवृत्ति राष्ट्रीय से अधिक अन्तरराष्ट्रीय रही है। फिर भी जिन सामग्रियों से राष्ट्र का निर्माण होता है, वे सामग्रियाँ प्रकृति ने इस देश में भी मुहैया कर रखी हैं। भारत लगभग एक राष्ट्र बन चुका है। हमें

चाहिए कि क्षेत्रीय विशिष्टताओं की रक्षा करते हुए, हम अपनी राष्ट्रीय एकता को अक्षुण्ण बनाए रखें। भारत छोटे पैमाने पर पूरा विश्व है। विश्व की एकता सिद्ध करने के मार्ग में जो कठिनाइयाँ हैं, वैसी कुछ कठिनाइयाँ भारतवर्ष में भी हैं। लेकिन भारत की एकता विश्व की एकता की भूमिका है, इसमें कोई सन्देह नहीं।

हिन्दू-मुस्लिम एकता

ऊपर जो कुछ कहा गया है, उससे यह बात स्पष्ट हो जाती है कि हिन्दू चाहे उत्तर में हों या दक्षिण में, पूर्व में हों या पश्चिम में–वे एक ही जाति के सदस्य हैं, क्योंकि उनका धर्म एक है, उनके शास्त्र एक हैं, उनके पुराण एक हैं और उनका साहित्य एक है। गर्चे भारत के सभी हिन्दू एक ही भाषा नहीं बोलते, लेकिन उनकी सभी भाषाओं में धर्म के एक भाव हैं, चिन्तन का एक ही रूप है और अनुभूति की एक ही दिशा है। कौन हिन्दू आर्य हैं और कौन हिन्दू आर्य नहीं हैं, इस विलगाव का अब कोई उपाय नहीं है। वे अनेक जातियों से, अनेक वंशों से आकर एक धर्म और एक संस्कृति की छाँव में खड़े हुए थे। यह इतिहास से भी पहले की बात है। लेकिन पिछले चार-पाँच हजार वर्षों में उनके बीच इतना मिश्रण हुआ कि अब वे एक ही जाति के सदस्य हैं।

जहाँ तक भारतीय मुसलमानों का सम्बन्ध है, उनमें से बहुत थोड़े ऐसे हैं, जिनके पुरखे अरब और ईरान से आए थे। अति विशाल संख्या

तो उन्हीं लोगों की है, जिनके पुरखे हिन्दू थे और हिन्दू से ही वे मुसलमान हो गए। लेकिन धर्म बदलने से स्वभाव नहीं बदलता, आदतें नहीं बदलतीं, जीवन का दृष्टिकोण नहीं बदलता और न राष्ट्रीयता बदलती है। जो भी मुसलमान भारत से बाहर जाता है, वह पहले हिन्दुस्तानी और बाद को मुसलमान समझा जाता है। हिन्दुस्तानी समाज के ढब और ढाँचे तथा तौर-तरीके केवल हिन्दुओं तक ही सीमित नहीं हैं, वे मुसलमानों में भी पाए जाते हैं।

सामान्यतः लोग यह समझते हैं कि इस्लाम भारतवर्ष में मोहम्मद गजनी और मोहम्मद गोरी के साथ पहुँचा; किन्तु यह बात सत्य नहीं है। जब हजरत मोहम्मद धराधाम पर मौजूद थे, तभी मालाबार में कुछ लोगों ने इस्लाम-धर्म स्वीकार कर लिया था। कहते हैं कि हजरत मोहम्मद ने एक बार चमत्कार दिखाया और चाँद के दो टुकड़े कर दिये। टूटा हुआ चाँद मालाबार में भी दिखाई पड़ा और अरब के कुछ सौदागरों ने, जो मालाबार के समुद्र-तट पर ठहरे हुए थे, लोगों से कहा कि यह हजरत मोहम्मद का चमत्कार है। इसी चमत्कार से प्रभावित होकर मालाबार के कुछ हिन्दू मुसलमान हो गए।

मोहम्मद गजनी और मोहम्मद गोरी के साथ जो इस्लाम भारत पहुँचा, उसके प्रति उस समय लोगों के भीतर कटुता के भाव थे; किन्तु मालाबार में जब लोग मुसलमान हुए थे, तब इस्लाम को उन्होंने भक्ति से स्वीकार किया था।

जैसे इस्लाम भारतवर्ष में हजरत मोहम्मद के जीवनकाल में ही पहुँचा था, उसी प्रकार ईसाइयत भी दक्षिण भारत में उसी समय आ गई थी, जब इंग्लैंड के लोग ईसाई नहीं हुए थे। जब यहूदियों पर अत्याचार होने लगे, तब बहुत-से यहूदी भी अपने धर्म की रक्षा करने के लिए बाहर से भागकर हिन्दुस्तान आ गए। इसी प्रकार जब फारस में पारसी लोगों पर मुसलमानों का अत्याचार शुरू हुआ, सन् 936 ई. में, वे भी भागकर हिन्दुस्तान आ गए। इसीलिए यह समझना अधिक सत्य है कि भारतवर्ष

केवल हिन्दू धर्म का देश नहीं है। उसके भीतर ईसाई, यहूदी, पारसी और मुसलमान भी बहुत दिनों से बसते आए हैं। खुशी की बात यह है कि जो भी धर्म शरण खोजते हुए भारतवर्ष आ गए, उन्हें हिन्दू धर्म ने कोई कष्ट नहीं दिया। हिन्दू धर्म के साथ ये सभी धर्म पूरी शान्ति के साथ फलते-फूलते रहे हैं।

चन्दबरदाई

इस्लाम से भारत का परिचय दो रूपों में हुआ। पहला रूप वह था, जब मालावार के हिन्दू इस्लाम के प्रति भक्ति होने से मुसलमान हो गए थे। दूसरा रूप वह हुआ, जब गजनी और गोरी की तलवार के भय से हिन्दुओं को इस्लाम कबूल करना पड़ा। गजनी और गोरी का समय इतिहास का अप्रिय काल है। उस समय विजेता धर्म के रूप में भारतवर्ष पहुँचा था, उसने मन्दिरों का ध्वंस किया, मूर्तियों को तोड़ डाला और जबरदस्ती लोगों को धर्म-परिवर्तन के लिए लाचार किया। यह दो सभ्यताओं के बीच टकराहट का काल था और उसकी आवाज कर्कश थी। पठानों के समय राज्य इस्लामी कानून के हिसाब से चलता था और हिन्दू द्वितीय श्रेणी के नागरिक बन गए थे। यह स्थिति काफी दिनों तक चली, लेकिन जब लोगों ने देख लिया कि मुसलमान इसी देश को

अपना देश मानकर रहने लगे हैं, तब इस्लाम के प्रति उनका भाव उदार होने लगा।

पठानों के काल में हिन्दू और मुस्लिम—दोनों ही धर्मों के बीच से सूफी और सन्त पैदा हुए, जिन्होंने हिन्दू-मुस्लिम-एकता पर बहुत अधिक जोर दिया। उससे भी पहले चन्दबरदाई हुए। चन्दबरदाई राजा पृथ्वीराज के कवि और मित्र थे। उन्होंने 'पृथ्वीराज रासो' की रचना की है, जो हिन्दी का आदि महाकाव्य समझा जाता है। चूँकि मोहम्मद गोरी ने राजा पृथ्वीराज को हराया और उनका वध किया था, इसलिए अनुमान यही निकलता है कि चन्दबरदाई इस्लाम को शत्रु-भाव से देखते होंगे; किन्तु चन्दबरदाई ने इस्लाम को शत्रु-भाव से नहीं देखा, उसे भी हिन्दू धर्म के समान ही पवित्र और महान धर्म माना। 'रासो' के आरम्भ में उन्होंने लिखा है कि मैं केवल पुराणों का ही सत्य नहीं लिख रहा हूँ, मेरा विषय कुरान का भी सत्य है :

उक्ति धर्म विशालस्य राजनीति नवं रसं,
षट् भाषा पुराणं च कुरानं कथितं मया।

यही हिन्दू धर्म की विशेषता है। हिन्दू धर्म की शिक्षा है कि सभी धर्म समान हैं, सभी धर्म अच्छे हैं और सभी धर्मों की अनुभूति अन्त में जाकर एक ही होती है। इसीलिए सच्चा हिन्दू किसी भी धर्म से घृणा नहीं करता। हिन्दू धर्म की इसी विशेषता ने चन्दबरदाई को कुरान और पुराण—दोनों को समान दृष्टि से देखने की शक्ति दी थी।

पठान सुलतान उलमाओं के मार्ग-दर्शन में चलते थे और उलमाओं का उपदेश यह था कि जो सुलतान अधिक-से-अधिक काफिरों को मुसलमान बनाएगा, अधिक-से-अधिक मन्दिरों और मूर्तियों को तोड़ेगा, वही सबसे बड़ा सुलतान है। अतएव सुलतानों के लिए यह जरूरी हो गया कि उलमाओं की इच्छा-पूर्ति के लिए वे हिन्दू धर्म पर अत्याचार

करें। लेकिन मुसलमानों के सूफी सन्त उलमाओं के साथ नहीं थे। वे धर्मों के बाहरी रूप को महत्त्व नहीं देते थे। उनका सारा जोर धर्मों की एकता पर था और यही भाव इस्लाम के प्रति हिन्दू-साधकों और सन्तों का भी था।

अमीर खुसरो

इस्लाम के भीतर से एकता की आवाज बहुत जल्दी उठने लगी। राजा पृथ्वीराज का निधन 1192 ई. में हुआ और उसके 61 वर्ष के बाद अमीर खुसरो का जन्म हुआ। अमीर खुसरो भारत के सबसे पहले राष्ट्रीय मुसलमान थे। वे हजरत चिश्ती के शिष्य और खुद बहुत ऊँचे तबके के सूफी साधक थे। वे खड़ी बोली हिन्दी और उर्दू–दोनों भाषाओं के पिता थे। जिस भाषा में हम लोग अब अपना साहित्य लिखते हैं, उस भाषा में पहले-पहल रचना अमीर खुसरो ने आरम्भ की थी। अमीर खुसरो का लिखा हुआ एक महाकाव्य है, जिसका नाम 'नूहे सिफर' है। उन्होंने इस महाकाव्य में भारतवर्ष का वर्णन किया है। उनके वर्णन से पता चलता है कि 14वीं सदी में भी भारत संसार का सबसे अग्रणी देश था।

खुसरो की दृष्टि में भारत इसलिए वन्दनीय है कि इस देश के लोगों में ज्ञान और विविध विद्याओं का व्यापक प्रचार है। विश्व की सभी भाषाएँ भारतवासी शुद्धता से बोल सकते हैं। ज्ञान सीखने को बाहर के लोगों को भारत आना पड़ता है, किन्तु भारतवासियों को भारत से बाहर जाना नहीं पड़ता। अंकों का विकास भारत में हुआ है। विशेषतः शून्य का प्रतीक भारत का आविष्कार है। 'हिंदसा' शब्द 'हिंद' और 'असा'– इन दो शब्दों के योग से बनता है। (खुसरो का खयाल था कि असा भारत के प्रसिद्ध गणितज्ञ थे।) कलीला व दमना (करटक और दमनक) की कहानी भारत में रची गई और फारसी, तुर्की, ताजी (अरबी) एवं दरी भाषाओं में उस कहानी का अनुवाद हुआ है। शतरंज के खेल का आविष्कर्ता भारतवर्ष है। भारतीय संगीत अन्य सभी देशों के संगीत से कहीं उच्चकोटि का है। संगीत पर यहाँ केवल मनुष्य ही नहीं झूमते, उसे सुनकर यहाँ के हिरनों को भी स्तम्भ हो जाता है। अन्य किसी भी देश में खुसरो के समान भाषा का जादूगार नहीं है, गर्चे सुलतान का वह एक अदना-सा चारण है।

भारत को खुसरो ने पृथ्वी का स्वर्ग माना है और लिखा है कि आदम और हौवा जब स्वर्ग में निकले थे, तब वे इसी देश में उतरे थे। भारत के सामने खुसरो ने बसरा, तुर्की, रूस, चीन, खुरासान, समरकंद, मिस्र और कन्धार–सबको तुच्छ बताया है। फिर खुसरो ने यह भी लिखा है कि कोई मुझसे पूछ सकता है कि तू मुसलमान होकर हिन्दुस्तान की बड़ाई क्यों करता है। मेरा जवाब यह होगा कि इसलिए कि हिन्दुस्तान मेरी जन्म-भूमि है और पैगंबर साहब का हुक्म है कि तुम्हारी जन्म-भूमि का प्रेम तुम्हारे धर्म-प्रेम में शामिल होगा।

चन्दबरदाई में जो उदारता थी, वही उदारता हम राणा कुम्भा में भी देखते हैं। राणा कुम्भा ने जब विजय पाई, तब उन्होंने उसकी याद में एक स्तम्भ खड़ा किया। उस स्तम्भ पर हिन्दू देवी-देवताओं के चित्र थे और मूर्तियाँ थीं। लेकिन राणा कुम्भा को यह सूझा कि इस स्तम्भ पर

इस्लाम को भी प्रतिनिधित्व मिलना चाहिए। अतएव अरबी अक्षरों में उन्होंने इस स्तम्भ पर निराकार ईश्वर का नाम लिखवाया। हमारे पुरखे इतने उदार थे और इस्लाम को वे हिन्दू धर्म के निराकार पक्ष का ही प्रतिनिधि समझते थे।

जिन देशों में मुसलमानों का बहुमत नहीं है, उन देशों के मुसलमान मन से एक कठिनाई का अनुभव करते हैं। आरम्भ से ही उन्हें सिखाया गया है कि जिस देश पर मुसलमानों का राज्य नहीं है, वह देश दारूल-हरब यानी शत्रुओं का देश समझा जाना चाहिए। अतएव देश-भक्ति और धर्म-भक्ति को एक साथ ले चलने में मुसलमानों को कठिनाई होती है। आम लोगों का खयाल है कि जिस देश का शासन इस्लामीय कानून से नहीं चलता, उस देश में बसने वाले मुसलमान प्रच्छन्न विद्रोही बनकर जीते हैं। अमीर खुसरो ने यह कहकर कि आदमी का जन्म-भूमि का प्रेम उसके धर्म-प्रेम में शामिल होता है, मुसलमानों के इस अन्ध-विश्वास को फाड़ दिया था। यदि खुसरो को हिन्दुस्तान ने अपने आदर्श मुसलमान के रूप में उछाला होता, तो हिन्दुस्तान की कठिनाई कुछ-न-कुछ कम हो गई होती। आज भी मौका है कि हम खुसरो को आदर्श भारतीय मुसलमान के रूप में जनता के सामने पेश करें।

सन्तों का आन्दोलन

पठान-काल का सबसे प्रमुख आन्दोलन सूफी आन्दोलन था। यह आन्दोलन ईरानी तसव्वुफ और भारतीय वेदांत के मेल से बढ़ा था। और सूफी सन्त हिन्दू और मुस्लिम–दोनों ही समाजों में पैदा हुए थे।

सूफी फकीर आजाद तबीयत के होते थे। वे सुलतानों की परवाह नहीं करते थे, न उलमाओं के उपदेशों का वे आदर करते थे। चूँकि उलमा इन सन्तों के खिलाफ थे, इसलिए जनता सन्तों की और भी पूजा करती थी।

सुलतान और उलमे जो कुछ कर रहे थे, उससे हिन्दुओं और मुसलमानों के बीच खाई बढ़ती जाती थी; लेकिन सूफी सन्तों ने इस खाई को पाटने की कोशिश की। वे इस खाई पर सेतु बन गए।

मुस्लिम सूफियों के अनेक शिष्य हिन्दू होते थे। इसी प्रकार अनेक हिन्दू सन्तों के बहुत-से शिष्य मुसलमान थे। एक ऐसे समय में, जब

सुलतानों और मुल्लों के धार्मिक विद्वेष के कारण हिन्दुओं का हृदय मुसलमानों से फटता चला जा रहा था, इन सूफी फकीरों और साधुओं ने बड़ा काम किया। धार्मिक एकता पर जोर देकर उन्होंने दोनों ही धर्मों के लोगों को परस्पर निकट लाने का प्रयास किया।

भारत में इस्लाम के दो रूप प्रकट हुए। मुसलमान शासक हिन्दुओं के द्रोही थे, मन्दिरों के भंजक और प्रतिमाओं के शत्रु थे। लेकिन मुस्लिम सूफी सन्तों में हिन्दुओं के प्रति शत्रुता का भाव नहीं था। वे हिन्दू और मुसलमान–दोनों को एक नये धर्म में दीक्षित करना चाहते थे, जो आत्मा का धर्म था, सच्ची मानवता का धर्म था।

सभी सूफी सन्त धर्म के बाह्याचारों के खिलाफ थे। उनका सारा जोर प्रेम पर था, परमात्मा की भक्ति पर था। इसीलिए इस्लामी मुल्ले उनके खिलाफ थे और इसीलिए कबीर आदि का विरोध वैदिक धर्म के पंडितों ने भी किया।

लेकिन हिन्दू जनता का एक वर्ग ऐसा भी था, जो वैदिक अनुष्ठानों और आचारों में विश्वास नहीं करता था, जिसके भीतर बहुत दूर पर बुद्ध की प्रेरणा काम कर रही थी, जिसने सरहपा-नहपा आदि बौद्ध सिद्धों के इस उपदेश को अपना लिया था कि यज्ञ झूठे हैं, ब्राह्मणों का आदर करने में कोई पुण्य नहीं है, न एकादशी और मंगल को व्रत रखने से आत्मा का कल्याण होता है।

यह विचारधारा अहिंसा को मानती थी, आत्म-चिन्तन की प्रक्रिया में विश्वास करती थी और प्रतिमा-पूजन तथा तीर्थ-यात्रा के विरुद्ध थी। सूफियों के उपदेश सबसे अधिक इन्हीं लोगों को पसन्द आए और ये ही लोग इस्लाम और हिन्दुत्व के बीच प्रथम सेतु हुए। हिन्दू से मुसलमान होने वालों में सबसे अधिक संख्या इन्हीं लोगों की थी और इसी वर्ग के लोग हिन्दू रहकर भी इस्लाम से, विशेषतः, उसके सूफी आन्दोलन से प्यार करने लगे। राजनीति के धरातल पर बँटे हुए लोग धर्म के धरातल पर एक होने लगे।

महात्मा कबीरदास

अमीर खुसरो ने जो राह दिखाई थी, उसका असर कुछ अन्य चिन्तकों, साधकों और कवियों पर भी हुआ। इस मिली-जुली संस्कृति के पहले नेता अमीर खुसरो थे, मगर उसके सबसे बड़े नेता महात्मा कबीरदास हुए।

सच पूछिए तो हिन्दू-मुस्लिम-एकता के बड़े नेता इस देश में तीन हुए हैं—महात्मा कबीरदास, सम्राट् अकबर और महात्मा गांधी। अकबर और गांधी जी राजनीति के आदमी थे, अतएव उन्होंने यह कहा कि सभी धर्म ठीक हैं।

अकबर ने सभी धर्मों से अच्छी बातें चुनकर 'दीने-इलाही' की रचना की थी और गांधी जी भी अपनी प्रार्थनाओं में सभी धर्मों की स्तुतियाँ रखते थे। किन्तु राजनीति की कोई फिक्र न होने के कारण महात्मा कबीरदास बिलकुल ही स्वतन्त्र थे। उन्होंने यह नहीं कहा कि सभी धर्म

ठीक हैं, इसलिए सबको मिलकर रहना चाहिए। उनका कहना यह था कि हिन्दुत्व और इस्लाम—दोनों ही अधूरे धर्म हैं, क्योंकि वे धर्म के बाहरी रूपों में उलझे हुए हैं। अनुष्ठान और आचार—ये धर्म के मूल तत्त्व नहीं, उसके ढकोसले हैं। असली धर्म वह है, जो हिन्दुत्व और इस्लाम—दोनों का अतिक्रमण करता है, दोनों से आगे जाता है :

सुर, नर, मुनि औ' औलिया, ये सब बेलें तीर,
अलह राम की गति नहीं, तहँ घर किया कबीर।
हद्द छाड़ि बेहद गया, किया सुन्नि असनान,
मुनि जन महल न पावई, तहाँ किया विश्राम।

कबीर अत्यन्त क्रान्तिकारी पुरुष थे। उन्होंने ही पहले-पहल हिन्दुओं और मुसलमानों की आँखों में उँगली डालकर उन्हें यह समझाया कि मन्दिर और मस्जिद के सवाल पर झगड़ने से बढ़कर बेवकूफी की कोई और बात नहीं हो सकती।

आज से चार सौ साल पहले कबीर ने जो स्वप्न देखा था, वह अभी पूरा नहीं हुआ है। कबीर आनुष्ठानिक धर्म के विरुद्ध थे। वे उस धर्म का प्रचार करना चाहते थे, जिसे डॉक्टर राधाकृष्णन ने आत्मा का धर्म, यह नया नाम दिया है। सभी धर्म एक ही बिन्दु से उत्पन्न होते हैं। मूल में सभी धर्म एक हैं। भिन्नता शाखाओं को लेकर बढ़ती है।

कबीर ने जो यह मन्त्र फूँका कि हिन्दुत्व और इस्लाम दोनों-के-दोनों अधूरे धर्म हैं तथा राम और रहीम को एक न मानना बिलकुल मूर्खता की बात है, वह काल के कानों में ऐसा बस गया कि उसकी गूँज हम सदियों से सुनते आए हैं :

हिन्दू की दया, मेहर तुरकन की, दोनों घर से भागी,
वह करै जिबह, वह झटका मारै, आगि दुओ घर लागी।
हिन्दू कहत है राम हमारा, मुसलमान रहिमाना,
आपस में दोउ लड़े मरत हैं, भेद न कोऊ जाना।

कबीर की परम्परा में अनेक सन्त और महात्मा जनमे और उन्होंने सदियों तक कबीर के एकता के नारे को बुलन्द रखा।

गुरु नानक और रैदास, धन्ना और सुन्दरदास, दादूदयाल, रज्जब और मलूकदास तथा सहजो बाई और घरनीदास–ये सभी सन्त एकता के पक्षपाती थे और वे चाहते थे कि डालों पर बैठकर लड़ने के बजाय, हिन्दू और मुसलमान यदि मूल में आ जाएँ, तो उनके बीच मतभेद नहीं रहेगा :

अलह कहो, चाहे राम कहो,
डाल तजौ, सब भूल गहो।
दादू ना हम हिन्दू होहिंगे, ना हम मूसलमान,
षट्‌ दर्शन में हम नहीं, हम राते रहिमान।

सन्तों का एकता-आन्दोलन अत्यन्त सघन आन्दोलन था। स्वामी दादूदयाल का तो एक ऐसा दोहा भी मिलता है, जो गांधी-युग का सही नारा हो सकता था :

दोनों भाई हाथ पग, दोनों भाई कान,
दोनों भाई आँख हैं, हिन्दू मूसलमान।

लेकिन जो किस्मत सभी क्रान्तिकारियों की होती है, वही किस्मत कबीरदास जी की भी हुई। कबीर के अनुयायी हिन्दू भी थे और मुसलमान भी; किन्तु उनके शत्रु भी हिन्दू और मुसलमान–दोनों ही जातियों में से निकल आए।

यही हाल अकबर और गांधी का भी हुआ। चूँकि अकबर ने हिन्दुओं का हृदय जीता था, इसलिए मुल्लों के मार्गदर्शन में चलने वाले मुसलमान उसके खिलाफ हो गए।

और गांधी जी ने चूँकि मुसलमानों का विश्वास प्राप्त किया था, इसलिए एक पगले हिन्दू ने उन्हें मार डाला।

कबीर, अकबर और गांधी—ये असाधारण मनुष्य थे। क्या हम इतने अन्धे हैं कि ऐसे महापुरुषों की बात भी हम मान नहीं सकते? हमने गलतियाँ अनेक बार की हैं और बार-बार शिक्षा यही निकली है कि कबीर, अकबर और गांधी के मार्ग पर चले बिना हमारा उद्धार नहीं है।

जायसी

सूफियों की प्रेम-पीड़ा की भाषा फारसी थी। भारत में आकर उसने भारतीय रूप लेना शुरू किया। कबीरदास भी सूफी ही थे, लेकिन वे तसव्वुफ के उस रूप के कवि हुए, जिस पर हठयोग और वेदांत का प्रभाव था। तसव्वुफ की एक दूसरी भी धारा थी, जिसके भारत में अनेक कवि हुए। वे सब-के-सब मुसलमान थे। उन्होंने अपनी कविताएँ अवधी भाषा में लिखीं, क्योंकि फारसी के श्रोता तो दिल्ली में ही मिलते थे। बाकी सभी जगहों पर भारतीय भाषाओं के ही जानकार थे। इन कवियों के सिरमौर मलिक मुहम्मद जायसी हुए।

हिन्दी साहित्य के एकाध इतिहास में यह बात, संकेत के रूप में, कही गई है कि जायसी वगैरह का उद्‌देय भारतीय भाषा के द्वारा इस्लाम का प्रचार था। लेकिन ऐसा सोचना ठीक नहीं है। जायसी मुसलमान थे

और अपने धर्म के पाबन्द थे। लेकिन कविता उन्होंने इसलिए नहीं लिखी कि उन्हें इस्लाम का प्रचार करना था, बल्कि इसलिए कि वे कवि थे और कविता लिखना उन्हें अच्छा लगता था। हाँ, वे धर्म का सूक्ष्म रहस्य जनता को जरूर समझाना चाहते थे और इस जनता में हिन्दू और मुसलमान–दोनों ही जातियों के लोग थे।

इस अनुमान के लिए कोई आधार नहीं है कि हिन्दुत्व या हिन्दू समाज से उन्हें घृणा थी। हिन्दुओं के विचार, आचार और विश्वास के प्रति जायसी ने जो श्रद्धा दिखलाई है, उसे देखकर आश्चर्य होता है। वेद और पुराण की निन्दा हिन्दू नहीं सुन सकते थे, किन्तु 'पदमावत्' का एक चरित्र राघव चेतन वेदनिन्दक है। अतएव जायसी ने उसे खल बताया है और उसकी निन्दा लिखी है। अलाउद्दीन हिन्दुओं की दृष्टि में हेय समझा जाता था। जायसी ने ग्रन्थ के अन्त में यह सूचना दी है कि अलाउद्दीन माया का प्रतीक है (माया अलादीन सुलतानू)। जायसी में यदि साम्प्रदायिकता रही होती, तो अलाउद्दीन को वे माया का प्रतीक नहीं कहते। मुस्लिम अत्याचार की निन्दा करनेवाला मुसलमान हिन्दुओं का प्यारा होता है, यह शिक्षा हम जायसी के कृतित्व से निकाल सकते हैं। 'पद्मावत' काव्य में विवाह का वर्णन बिलकुल हिन्दू-प्रथा के अनुसार है और अलाउद्दीन के स्वागत में जो भोज होता है, उसमें ऐसे किसी भी भोजन का उल्लेख नहीं है, जो हिन्दुओं के लिए अखाद्य हो। जायसी का मन इस देश की संस्कृति और परम्परा में पूरी तरह रँगा हुआ था।

हिन्दू-मुस्लिम-विवाह

पठानों के राज्यकाल में राजनीति तो हिन्दुओं के विरुद्ध थी, मगर धर्म, साहित्य और संस्कृति में हिन्दू और मुसलमान परस्पर समीप आने लगे थे। जब मुगलों का शासन आरम्भ हुआ, राजनीति भी कुछ मुलायम हो गई। मुगलों ने हिन्दुस्तान की सल्तनत पठानों के हाथ से छीनी थी, अतएव पठानों से उनकी पटती नहीं थी। निदान वे हिन्दुओं से मिलकर राज करना चाहते थे। बाबर ने वसीयत के जरिये हुमायूँ को सलाह दी थी कि हिन्दुस्तान पर हुकूमत करते हुए हिन्दुओं की धार्मिक भावना को ठेस मत पहुँचाना। और हुमायूँ ने भी अकबर के लिए वसीयत छोड़ी थी कि हो सके तो राजपूतों के साथ वैवाहिक सम्बन्ध स्थापित करके उनके साथ अपनी मित्रता पक्की कर लेना।

अकबर ने जब बिहारीमल कछवाहे की बेटी जोधाबाई से विवाह किया, उस समय अकबर का राज्य छोटा था और उसकी उम्र भी फकत

18 साल के करीब थी। इतिहास में इस विवाह की काफी निन्दा होती है, लेकिन राजपूतों ने इस विवाह को लेकर उस समय बलवा या विद्रोह नहीं किया था। आखिर क्या कारण था कि इस विवाह से उस समय के राजपूत उत्तेजित नहीं हुए?

कविवर श्यामलदास ने महाराणा उदयपुर के कहने से उन्नीसवीं सदी में एक इतिहास लिखा था, जिसका नाम 'वीर विनोद' है और जो पाँच जिल्दों में प्रकाशित हुआ था। उस इतिहास में लिखा है :

'आम राजपूत लोगों में इस बात का जिक्र इस तौर पर है कि हुमायूँ बादशाह की वसीयत के मुवाफिक बादशाह अकबर ने राजपूतों से कहा कि हमारे रिश्तेदार तो तुर्किस्तान में दूर रहते हैं और हम बड़े खानदानों के सिवा रिश्तेदारी नहीं कर सकते। तुम लोग हिन्दुस्तान में इज्जतदार और पुराने खानदानी हो, इसलिए हमारी बेटियों के साथ शादी करना कबूल करो। जिस पर राजपूतों ने सोच-विचारकर कहा कि आपकी बेटियाँ तो हमारी सरदार हैं, जिनके साथ शादी करना बेअदबी में दाखिल होगा और अपनी बेटियाँ हम लोग आपको ब्याह देंगे। इन लोगों का इस बात से यह मतलब था कि बादशाहों की बेटियाँ हमारे घरों में आईं, तो उनके बड़प्पन से परहेज में खलल आकर मुसलमान होना पड़ेगा। और हमारी बेटी बादशाह के घर में गई, तो ज्यादा अंदेशे की बात नहीं है। इसलिए राजा भारमल्ल (बिहारीमल्ल) कछवाहे ने सबसे अव्वल अपनी बेटी बादशाह को दी। (वीरविनोद : द्वितीय भाग; खंड 1; पृष्ठ 170 की पाद-टिप्पणी से)।

'वीरविनोद' की यह कहानी सच है या झूठ, इस बात की अभी परीक्षा नहीं हुई है, लेकिन इस कहानी से इतना अनुमान निकाला जा सकता है कि विवाह से पूर्व अकबर ने राजपूतों का मुँह किसी-न-किसी प्रकार बन्द कर दिया होगा।

अकबर के बाद जहाँगीर ने भी राजपूत युवती से विवाह किया, जो राजा भगवानदास की बेटी थी। और दो में से किसी भी विवाह के विरुद्ध

बलवा नहीं हुआ। शायद विवाह के पूर्व ही राजपूतों की भावना शान्त कर दी गई थी, वे निरुत्तर कर दिये गए थे। यह भी विचित्र बात है कि हुमायूँ की बहन गुलबदन, शाहजहाँ की बेटी जहाँआरा और औरंगजेब की बेटी जेबुन्निसा–ये शहजादियाँ भी जीवन भर क्वारी रह गईं। कहीं यह, सच ही, मुगलों और अफगानों के बीच की खटपट और राजपूतों की धार्मिक कुंठा का परिणाम तो न था?

सम्राट अकबर

हिन्दू लड़की से विवाह करके अकबर ने यह मनसूबा बाँधा कि वह केवल मुसलमानों को लेकर ही नहीं, बल्कि हिन्दुओं को भी साथ लेकर राज चलाएगा।

अकबर सचमुच महान सम्राट निकला। उसने धार्मिक सहिष्णुता को अपनाकर सारे भारत का हृदय जीत लिया। ईरान के बादशाह अब्दुस सफरी को उसने एक पत्र में लिखा था : 'भाँति-भाँति के धार्मिक सम्प्रदाय दैवी थाती हैं और खुद परमेश्वर ने उन्हें हमारे हाथ में सौंपा है। इसलिए हमारा कर्तव्य है कि हम उन सबको प्यार करें। बादशाह ईश्वर के प्रतिबिम्ब होते हैं। उन्हें इस महान सिद्धान्त को कभी भी नहीं भूलना चाहिए।'

फैजी के द्वारा अकबर ने रामायण, महाभारत, योगवाशिष्ठ और कुछ वेदांत का फारसी में अनुवाद करवाया। यह इसलिए कि कट्टर मुल्ले

हिन्दू-धर्म के स्वरूप को पहचान सकें। इसी प्रकार उसने हिन्दुओं के बीच इस्लाम के प्रति श्रद्धा जगाने के लिए एक उपनिषत् की रचना करवाई, जिसका नाम 'अल्लोपनिषत्' है।

अकबर ने अनेक धार्मिक प्रयोग किए थे। वह दरबार में कभी-कभी चन्दन लगाकर भी आ जाता था। अपनी महारानी जोधाबाई के अहाते में उसने मन्दिर बनवाया था और तुलसी के पौधे लगवाए थे। उसने यह भी घोषणा कर दी थी कि उसके बेटे चाहे जो भी धर्म मान सकते हैं।

अकबर हिन्दू धर्म और इस्लाम के बीच जिस समन्वय के लाने की कोशिश कर रहा था, उसमें उसका सबसे बड़ा सहयोगी अबुल फजल था। लेकिन उलमे अकबर और अबुल फजल—दोनों के खिलाफ थे। इतिहासकार बदायूनी ने लिखा है कि 'अबुल फजल संसार को नास्तिकता के जहर से जला रहा है।'

फिर भी धर्म और विचार की सारी स्वतन्त्रता के बीच अकबर इस्लाम के तौहीद (एकेश्वरवाद) को कसकर पकड़े हुए था। इसीलिए दीने-इलाही का नाम उसने तौहीदे-इलाही कर दिया था। सन् 1593 ई. में उसने धार्मिक स्वतन्त्रता के लिए कई घोषणाएँ कीं, जिनमें प्रमुख ये थीं :

1. कोई जबरदस्ती मुसलमान बनाया हुआ हिन्दू अगर फिर हिन्दू बनना चाहे, तो उसे कोई न रोकेगा।
2. किसी भी आदमी को जबरदस्ती एक धर्म से दूसरे धर्म में न लिया जाए।
3. हर व्यक्ति को अपना धर्म-मन्दिर बनाने की पूरी स्वतन्त्रता रहे।
4. जबरदस्ती किसी विधवा को सती न बनाया जाए।

जिजिया और तीर्थयात्रा-कर उसने 1533 ई. में ही छोड़ दिये थे। स्पष्ट ही, अकबर के ये धार्मिक-सुधार मुल्लाओं को अच्छे नहीं लगे और वे अकबर की धीरे-धीरे निन्दा करने लगे। उनके कट्टरपन से खीजकर

पिछले जीवन में अकबर को इस्लाम का बहुत-कुछ दमन भी करना पड़ा। अकबर हिन्दू धर्म और इस्लाम—दोनों का प्रेमी था, लेकिन दोनों की कट्टरता से उसे घृणा थी। धर्म-परिवर्तन करनेवालों को वह नीची नजर से देखता था, क्योंकि उसका विश्वास था कि जो लोग अपना धर्म भय या लोभ से बदलते हैं, उनमें धार्मिकता नहीं होती।

हिन्दू-मुस्लिम-एकता का जितना बड़ा नेता अकबर था, उतना बड़ा नेता और कोई हुआ है या नहीं, यह बताना आसान नहीं है, किन्तु जिन गुणों के कारण अकबर पर हिन्दुओं की श्रद्धा बढ़ी, उन्हीं गुणों के कारण मुसलमान उसके खिलाफ हो गए। काजी और मुल्ले पठानों के राजकाज में हस्तक्षेप करते थे और पठान सुलतान उनकी दस्तन्दाजी को रोक नहीं पाते थे, किन्तु अकबर ने जब शासन को धर्म-निरपेक्ष बनाना चाहा और यह घोषणा करा दी कि जो भी व्यक्ति जबरदस्ती मुसलमान बनाया गया हो, वह चाहे तो अपने धर्म में वापस जा सकता है, तब मुल्लों की दृष्टि में वह इस्लाम का द्रोही समझा जाने लगा।

शेख सरहिन्दी

अकबर ने इस्लाम का कोई अहित नहीं किया था। वह शरीयत को मानता था और तौहीद के सिद्धान्त पर अटल विश्वास करता था। उसका अपराध केवल यह था कि धर्मों को वह एक दृष्टि से देखता था और चाहता था कि मुस्लिम राज्य में जैसे मुसलमान निश्चिन्त रहते हैं, वैसे ही शेष धर्मों के लोग भी बेफिक्र रहें, किन्तु बादशाह की यह उदार नीति मुल्लों को सह्य नहीं हुई। इसलिए मुल्लों ने बादशाह के खिलाफ आन्दोलन आरम्भ कर दिया। इस जहरीले आन्दोलन के सबसे बड़े नेता का नाम शेख अहमद सरहिन्दी था।

शेख सरहिन्दी केवल कट्टर मुसलमान ही नहीं, बल्कि इस्लामेतर धर्मों का प्रचंड विरोधी था। इस्लाम को वह सभी धर्मों, सभी संस्कृतियों के प्रभाव से मुक्त रखना चाहता था। वह इस्लाम के उस्र प्राचीन रूप का

कायल था, जब मुस्लिम समाज में तसव्वुफ का प्रचार नहीं हुआ था, न मुस्लिम संस्कृति पर किसी अन्य संस्कृति का प्रभाव पड़ा था। लगभग 400 वर्षों के सम्मिलित जीवन में मुसलमानों ने हिन्दुओं से जो भी आदतें सीखी थीं, शेख सरहिन्दी उन सबको गुनाह समझता था। विवाह, श्राद्ध, पर्व, त्योहार और दैनिक रहन-सहन में हिन्दुओं और मुसलमानों के बहुत-से रीति-रिवाज समान हो गए थे। गो-हत्या से घृणा उन दिनों मुसलमानों को भी होने लगी थी और विधवा-विवाह को मुसलमान भी गलत मानने लगे थे। शेख सरहिन्दी ने इन सारी बातों को दुष्कर्म बताया और मुसलमानों से उसने कहा कि हिन्दुओं की संगति में तुमने जो कुछ भी सीखा है, उसे छोड़ दो, क्योंकि ये बातें असली इस्लाम के खिलाफ हैं।

सामासिक संस्कृति तभी बढ़ती है, जब हिन्दू और मुसलमान एक-दूसरे का प्रभाव स्वीकार करते हैं। अगर हिन्दुओं से मुसलमान कुछ भी न सीखें और मुसलमानों से हिन्दू कोई भी बात सीखने से इनकार करें, तो सामासिक संस्कृति नहीं पनप सकती। हिन्दुओं और मुसलमानों के बीच जो आचार-विचार और व्यवहार समान रूप से चलते हैं, उन्हीं के आधार पर सामासिक संस्कृति का विकास होता है। दुख है कि शेख सरहिन्दी ने अकबर के सामने जिस बहिष्कार की नीति का प्रचार किया, उसी बहिष्कार नीति का प्रचार 20वीं सदी के कुछ सांस्कृतिक आन्दोलनों ने भी हिन्दुओं के बीच किया।

हिन्दू-मुस्लिम-एकता के खिलाफ अपना जहरीला प्रचार शेख सरहिन्दी ने अकबर के राज्यकाल में आरम्भ कर दिया था; किन्तु अकबर का रौबदाब सारे देश में था, अतएव शेख सरहिन्दी का प्रचार उस समय जोर नहीं पकड़ सका। लेकिन अकबर के मरने के बाद शेख सरहिन्दी ने निर्भय होकर मुसलमानों के भीतर आग भड़काना शुरू किया। नतीजा यह हुआ कि जहाँगीर ने उसे पकड़वाकर जेल में डाल दिया। मगर जहाँगीर ढीला-ढाला बादशाह था। प्रभावशाली मुसलमानों के बीच-बचाव करने से उसे दया आ गई और शेख सरहिन्दी को उसने कैद से रिहा कर दिया।

शेख सरहिन्दी के मरने के बाद उसके मतों के प्रचार का बीड़ा अहमद के पुत्र मोहम्मद मासूम ने उठाया। और जब मासूम का अन्त हुआ, तब उसके बेटे शेख सैफुद्दीन ने वही प्रचार और भी भयानकता से आरम्भ कर दिया। हिन्दुस्तान की बदकिस्मती से इसी शेख सैफुद्दीन को औरंगजेब ने अपना गुरु बनाया और इस प्रकार शेख अहमद सरहिन्दी की रूह को वह बलवान मनुष्य प्राप्त हो गया, जो उसके सपनों को कार्य का रूप दे सकता था। मैंने सुना है कि उर्दू के प्रसिद्ध कवि सर मोहम्मद इकबाल के गुरु भी उसी खानदान के थे, जिस खानदान के शेख सैफुद्दीन थे।

पाकिस्तान का निर्माण तो 20वीं सदी में आकर हुआ, लेकिन उसके बीज शेख सरहिन्दी ने अकबर के समय में ही डाल दिये थे। पाकिस्तानी-भावना यानी अलगाव की भावना से पाकिस्तान मजबूत होता है और हिन्दुस्तान की ताकत घटती है। शेख सरहिन्दी आज भी हिन्दुस्तान का पीछा कर रहा है और उसके बहुत-से अनुयायी हिन्दुओं के भीतर भी मौजूद हैं। यदि हम हिन्दुस्तान का भला चाहते हैं, तो हमें अकबर की राह पर आना चाहिए।

हिन्दी साहित्य और मुसलमान

मुस्लिमकालीन साहित्य से जो प्रमाण मिलता है, उससे मालूम होता है कि हिन्दुस्तान में बातें बनकर बिगड़ी हैं। मुगलों के समय में हमारी एकता पुष्ट हो गई थी, लेकिन बनी-बनाई चीज को औरगंजेब की साम्प्रदायिक नीति ने बिगाड़ दिया। जब पठान और मुगल इस देश में बस गए, वे धीरे-धीरे इस देश की परम्परा और इतिहास को अपनाने लगे। उनमें जो कवि होते थे, वे फारसी या भारतीय भाषा में लिखते थे और चूँकि फारसी के श्रोता देश में कम थे, इसलिए श्रोता चाहने वाले मुस्लिम कवि अवधी और ब्रजभाषा में ज्यादा रचना करते थे।

हिन्दू-मुस्लिम-एकता पर बोलने वाले अक्सर यह विलाप करने लगते हैं कि ईरान के मुसलमान तो कैकोबाद, फरहाद और मजनू को अपना पूर्व-पुरुष मानते हैं, मगर भारतीय मुसलमान बुद्ध और अशोक को अपना

पूर्वज नहीं मानते, यह अस्वाभाविक बात है। यदि केवल उर्दू साहित्य के प्रसंग में यह बात कही जाए, तो वह काफी दूर तक ठीक होगी। लेकिन मुस्लिम कवियों ने हिन्दी में जो साहित्य लिखा है, उसके आधार पर यह बात नहीं कही जा सकती। हिन्दी में लिखने वाले मुस्लिम कवि भारतीय कवि थे और वे इसी देश की परम्परा, दर्शन और साहित्य से प्रेरणा लेते थे।

जायसी के 'पद्मावत' काव्य में हठयोग, ब्रह्मरंध्र और सहस्रार का वर्णन मिलता है। रसखान कृष्णाश्रयी वैष्णव परम्परा के साकार रूप थे। और खानखाना रहीम तो शुद्ध भारतीय संस्कृति में रँगे हुए कवि थे। अगर औरंगजेब बादशाह न हो गया होता, तो जायसी, रसखान और रहीम की परम्परा और भी बढ़ती तथा हिन्दू और मुसलमान उत्तर में दोनों एक ही साहित्य के अभिमानी हुए होते।

उर्दू का जन्म दिल्ली में नहीं हुआ, यह भी मानीखेज बात है। दिल्ली और आगरे में फारसी के श्रोता मिल जाते थे, इसलिए वहाँ के मुस्लिम कवि फारसी में ही रचना करते थे अथवा अवधी और ब्रजभाषा में। लेकिन जो मुसलमान दक्खिन पहुँच गए, उन्हें फारसी के श्रोता सुलभ नहीं थे। अतएव उन्होंने दिल्ली की बोली में रचना शुरू की। इस प्रकार उर्दू का जन्म हुआ। लेकिन उर्दू के जन्म के पूर्व मुस्लिम कवि फारसी में न लिखने पर ब्रजभाषा और अवधी में ही लिखा करते थे।

जिन मुस्लिम कवियों ने हिन्दी में कविताएँ लिखीं, उनकी संख्या थोड़ी नहीं है। अमीर खुसरो, कबीरदास, जायसी, कुतुबन, मंझन, रसखान, रहीम, नेवाज, मुबारक, आलम, शेख, रसलीन, मुमताज, आदि सभी कवि मुसलमान थे और उनकी कविताएँ हिन्दी का शृंगार हैं। इनमें से कबीर और रसखान धार्मिक दृष्टि से इस्लाम से जरा दूर पड़ते हैं, मगर बाकी जो भी कवि थे, पूरी तरह इस्लाम के कायल थे। उनके जीवन से यह शिक्षा निकलती है कि अलग-अलग धर्मों पर टिके रहकर भी लोग एक भाषा में साहित्य लिख सकते हैं तथा भारतीयता को स्वीकार करने से धर्म में कोई भी हस्तक्षेप नहीं होता।

उस समय भाषा के द्वेष का कहीं पता भी नहीं था। हिन्दू विद्वान फारसी में लिखते थे और मुस्लिम विद्वान संस्कृत और ब्रजभाषा में रचना करते थे। अमीर खुसरो और रहीम ने तो ऐसे पद भी लिखे हैं, जिनमें दो-तीन पंक्तियाँ फारसी या संस्कृत की हैं, तो दो-तीन पंक्तियाँ ब्रजभाषा की। तब भी संस्कृत और फारसी विशेषज्ञों की ही भाषाएँ थीं। सबकी भाषा तो ब्रजभाषा या अवधी ही थी।

कविता व्यथा-मोचन का माध्यम है। कविता सबके साथ सुख-दुःख बँटाने का जरिया है। इसीलिए लोकभाषा का उपयोग हिन्दू भी करते थे और मुसलमान भी। और इसके अपवाद शहंशाह भी नहीं थे। जब राजा बीरबल युद्ध में मारे गए, सम्राट अकबर ने अपना शोकोद्गार ब्रजभाषा के एक सोरठे में प्रकट किया था :

दीन जानि सब दीन, एक न दीन्हों दुसह दुख।
सो मों कहें अब दीन, कछुक न राख्यो बीरबल॥

और शाहजहाँ जब आगरे में कैद थे, उन्होंने भी अपनी व्यथा ब्रजभाषा के एक सवैये में अभिव्यक्त की थी :

जन्मत ही लख दान दियौ,
अरु नाम रख्यौ नवरंग बिहारी।
वालहिं सौं प्रतिपाल कियौ,
अरु देस मुलुक्क दियो दल भारी।
सो सुत बैर बुझै मन में,
धरि बाँह दियौ बँधसार में डारी।
शाहजहाँ बिनवै हरि सौं,
बलु राजीवनैन रजाय तुम्हारी।

औरंगजेब का एक नाम नवरंग भी था। भूषण ने अपनी कविता में उसे नवरंग नाम से ही पुकारा है। शायद शाहजहाँ के समय तक आकर

यह अच्छा समझा जाने लगा था कि किसी-किसी युवराज का नाम हिन्दू-जैसा भी रखा जाना चाहिए।

खुद औरंगजेब राजनीति और धर्म के मामले में चाहे जितना भी साम्प्रदायिक रहा हो, किन्तु भाषा के मामले में वह भी उदार था और संस्कृत से उसे तनिक भी चिढ़ नहीं थी। एक बार उसके किसी बेटे ने आम की नई कलमें तैयार कीं और जब उनमें फल लगे, तो उसने औरंगजेब से कहा कि इन आमों के नये नाम आप ही रख दें। औरंगजेब ने उन आमों के नाम 'सुधाफल' और 'रसनाविलास' रखे थे।

औरंगजेब की बेटी जेबुन्निसा भी हिन्दी में कविता करती थी। उसके काव्य-संग्रह का नाम 'नैन-विलास' था, जिसमें से पं. अंबिकाप्रसाद जी वाजपेयी ने यह दोहा उद्धृत किया है :

जेबुन्निसा जहान में
दुख्तर आलमगीर,
नैन विलास विलास में
खास करी तहरीर।

तुलसीदास की असाम्प्रदायिकता

यह तो हुआ मुस्लिम सम्राटों और कवियों का प्रमाण। अब यह देखना चाहिए कि हिन्दी कवियों का क्या हाल था। हिन्दी कवियों में सबसे बड़ा और उजागर नाम गोस्वामी तुलसीदास जी का है; बल्कि तुलसीदास जी केवल कवि ही नहीं हैं, वे मूर्तिमान धर्म भी हैं, वे मूर्तिमान भारतवर्ष भी हैं। यह अत्यन्त शिक्षाप्रद बात है कि तुलसीदास जी में साम्प्रदायिकता का लेश भी नहीं है। देश पर शासन हिन्दुओं का नहीं, बल्कि मुसलमानों का चल रहा है, यह शिकायत उन्होंने कहीं भी नहीं लिखी है। मुसलमानों पर अपना आक्रोश उन्होंने कहीं भी व्यक्त नहीं किया है। निन्दा अगर उन्होंने लिखी है, तो उनकी जो जनता को प्रतिमा-पूजन के मार्ग से बरगलाने की कोशिश करते थे, जो लोगों से यह कहते थे कि तीर्थ, व्रत, प्रतिमा-पूजन और साकार

उपासना में कुछ नहीं है; तुम अपने-आपके भीतर डूबो, वहीं परमात्मा का निवास है :

साखी, सबदी, दोहरा, कहि कहिनी उपखान,
भगत निरूपहिं भगति कलि, निंदहिं वेद-पुरान।

इस दोहे में साखी और दोहरे से इशारा कबीरदास की ओर है और 'कहिनी उपखान' से तात्पर्य जायसी आदि से है। लेकिन कबीर और जायसी की आलोचना तुलसीदास जी ने इसलिए नहीं की है कि वे कवि मुसलमान थे, बल्कि इसलिए कि उन्होंने साकार उपासना का समर्थन नहीं किया था। ऐसी आलोचना तुलसीदास जी ने गोरखनाथ की भी की है :

गोरख जगायो जोग,
भगति भगायो लोग।

अर्थात् गोरख ने ऐसा योग चलाया कि लोगों के मन से भक्ति भाग गई।

और ऐसी आलोचना तुलसीदास जी ने अलखिया साधुओं की भी की थी :

हम लख हमहिं हमार लख
हम हमार के बीच।
तुलसी अलखहिं का लखै,
राम नाम जपु नीच।

तुलसीदास जी सम्प्रदायवादी हुए होते तो हिन्दी में जो अरबी और फारसी शब्द घुस गए थे, उनका वे प्रयोग नहीं करते। लेकिन इस बहिष्कार-नीति से उन्होंने काम नहीं लिया, बल्कि अरबी-फारसी शब्दों का

प्रयोग उन्होंने निःसंकोच भाव से किया है और उनकी इस नीति की हिन्दी वालों ने निन्दा नहीं की, बल्कि सराहना की :

तुलसी गंग दुओ भये
सुकविन कौ सरदार,
इनके काव्यन में मिली
भाषा विविध प्रकार।

भिखारीदास जी के इस दोहे में तुलसी और गंग कवियों के नेता इसलिए माने गए हैं कि भाषा के मामले में वे बहिष्कार-नीति के कायल नहीं थे।

कहते हैं, खानखाना रहीम और तुलसीदास जी के बीच काफी दोस्ती थी। जब तुलसीदास जी ने रामायण की रचना की, उसकी स्तुति में खानखाना ने तुलसीदास जी को एक दोहा लिख भेजा था, जो साहित्य में अब तक प्रसिद्ध है :

रामचरित मानस विमल
सन्तन जीवन प्रान,
हिन्दुआन को वेद सम,
तुरकहिं प्रगट कुरान।

अंग्रेजों की भेद-नीति

जब मुगलों का साम्राज्य टूटने लगा, राजनीति का साम्प्रदायिक जहर कमजोर हो गया और हिन्दुओं को यह शिकायत नहीं रही कि मुस्लिम सल्तनत की ओर से अत्याचार हो रहा है। सल्तनत के कमजोर होने से साम्प्रदायिकता भी कमजोर हो गई। अगर अंग्रेज न आए होते, तो उम्मीद थी कि हिन्दू और मुसलमान अपने सम्बन्ध ठीक कर लेते। लेकिन देश के दुर्भाग्य से अंग्रेज भारत के मालिक हो गए। यह बड़ी शुभ बात थी कि सन् 1857 ई. में हिन्दुओं और मुसलमानों की राजनीतिक एकता पक्की हो गई थी। लेकिन गदर असफल हो गया और राजनीतिक सूत्र अंग्रेजों के हाथ में चले गए।

अंग्रेजों ने राज्य मुसलमानों के हाथ से लिया था, अतएव पहले उन्होंने मुसलमानों का दमन किया और हिन्दुओं की पलाइस की। लेकिन

जब देश में राजनीतिक आन्दोलन शुरू हुआ, हिन्दू उसमें अधिक संख्या में भाग लेने लगे। इसलिए अंग्रेज चौकन्ने हो गए। यह भी हुआ कि इसी समय सर सैयद अहमद खाँ ने मुसलमानों के भीतर राजभक्ति का प्रचार शुरू किया और मुसलमानों से वे कहने लगे कि तुम्हारा कल्याण राष्ट्रीय आन्दोलन में पड़ने में नहीं, बल्कि अंग्रेजों के साथ मिलकर रहने में है। इसका परिणाम यह हुआ कि अंग्रेजों ने अपनी नीति बदल दी। वे मुसलमानों को मिलाकर हिन्दुओं का दलन यानी राष्ट्रीयता का दमन करने को उतारू हो गए। फूट डालकर राज्य करने की अंग्रेजी नीति सफल हो गई। भोगल साम्राज्य के टूटने से हिन्दू-मुस्लिम एकता फैलने वाली थी। अंग्रेज सावधान हो गए कि अगर हिन्दू और मुसलमान एक हो गए, तो ब्रिटिश हुकूमत के पाँव उखड़ जाएँगे।

जब ईसाई मिशनरी भारत में आकर हिन्दू धर्म और इस्लाम, दोनों की निन्दा करने लगे, तब ईसाइयत का विरोध हिन्दू और मुसलमान दोनों ही जातियों के लोगों ने किया। लेकिन इस विरोध के क्रम में हिन्दुओं और मुसलमानों ने आपसी सलाह-मशविरे से काम नहीं लिया। दुश्मन एक था, लेकिन जवाब दो शिविरों से दिये जा रहे थे। ईसाइयत के सामने अपने-अपने धर्मों की महिमा सिद्ध करने को हिन्दू वेद की ओर दौड़े और मुसलमान कुरान की ओर। इस प्रकार मानसिक दृष्टि से दोनों जातियों के लोग दो ओर को चले गए।

हाली और इकबाल

हिन्दू धर्म और इस्लाम, सांस्कृतिक जागरण दोनों ही धर्मों के बीच उठे, लेकिन इन दोनों आन्दोलनों में एकता नहीं थी। दिखाई यह पड़ा कि जिस विचारधारा का प्रचार अकबर के युग में शेख अहमद सरहिन्दी ने किया था, वह विचारधारा इस जागरण के समय एक बार फिर सिर उठाने लगी। मौलाना हाली के मुसद्दस में इस बात पर विलाप मिलता है कि इस्लाम ने भारत में आकर हिन्दू धर्म से प्रभावित होकर अपना रूप बदल दिया है :

वो दीने हेजाजी का बेबाक बेड़ा,
निशां जिसका अक्साये आलम में पहुँचा,
किये पै सिपर जिसने सातों समुन्दर,
वो डूबा दहाने में गंगा के आकर।

गंगा के दहाने में आकर इस्लाम डूब गया, इससे यही ध्वनि निकलती है कि इस्लाम का हिन्दू धर्म से प्रभावित होना मुसलमानों के लिए अच्छा नहीं हुआ। इस भावना की प्रतिध्वनि हम इकबाल के जवाबे-शिकवा में भी देखते हैं :

यों तो सैयद भी हो, मिरजा भी हो, अफगान भी हो
तुम सभी कुछ हो, बताओ तो मुसलमान भी हो?
वजे में तुम हो निसारी, तो तमद्दन में हनूद,
ये मुसलमाँ हैं, जिन्हें देख के शरमाएँ यहूद?

इन दोनों प्रमाणों से प्रकट होता है कि धार्मिक जोश में मुसलमान अपनी अलग राष्ट्रीयता कायम कर रहे थे और इस मामले में हिन्दू भी कम कसूरवार नहीं निकले। पं. प्रतापनारायण मिश्र ने हिन्दी, हिन्दू, हिन्दुस्तान का नारा लगाया। यह और कुछ नहीं, बंगाल के लेखक बंकिमचन्द्र चटर्जी की हिन्दू-राष्ट्रीयता की आवाज थी।

गांधी जी का प्रभाव

एकता का प्रबल आन्दोलन सन 1920 ई. में महात्मा गांधी के नेतृत्व में उठा और बहुत दिनों के बाद ऐसा लगा कि हिन्दू और मुसलमान, सचमुच, मिलकर एक हो गए हैं। लेकिन यह एकता टिकाऊ साबित नहीं हुई, क्योंकि इस आन्दोलन के दबते ही देश में साम्प्रदायिक दंगे खुलकर होने लगे। फिर भी गांधी जी को यह श्रेय जरूर दिया जाना चाहिए कि उन्होंने हिन्दू-मुस्लिम-एकता को देश का स्थायी भाव अवश्य बना दिया। इसी से प्रेरित होकर कवियों ने एक नई दिशा पकड़ी, और हिन्दी, हिन्दू, हिन्दुस्तान के बदले वे बोलने लगे :

हिन्दू, मुस्लिम, सिक्ख, ईसाई,
आपस में हैं भाई-भाई।

खुद इकबाल ने पहले हिन्दू-मुस्लिम-एकता की बहुत अच्छी कविताएँ लिखी थीं :

मिट्टी की मूरतों में समझा है तू खुदा है
खाके-वतन का मुझको हर जर्रा देवता है।

इकबाल ने प्रण किया था कि वे हिन्दुओं और मुसलमानों को एक ही धागे में पिरो देंगे :

पिरोना एक ही तस्वीह में इन बिखरे दानों को,
जो मुश्किल है तो इस मुश्किल को आसां करके छोड़ूँगा।

इकबाल के पीछे बहुत-से मुसलमान कवि आए, जिन्होंने हिन्दू-मुस्लिम-एकता का समर्थन किया। उनकी कविताओं में जो भाव व्यक्त हुए, उनसे यह प्रमाणित हो गया कि मुस्लिम-समाज का एक बड़ा तबका भारतीय राष्ट्रीयता का विश्वासी है और वह चाहता है कि हिन्दू और मुसलमान एक होकर इसी देश में रहें।

लेकिन कालक्रम में इकबाल सम्प्रदायवादी हो गए। उन्होंने यह सोचा कि जिस देश में मुसलमानों की अकसरियत नहीं है, उस देश में मुसलमानों को राष्ट्रवादी भी नहीं बनना चाहिए। इकबाल ने यह कल्पना की कि भारतीय एकता से ज्यादा जरूरी मुसलमानों की एकता है। मुसलमान सारे संसार में फैले हुए हैं, इसलिए उनकी आदर्श राष्ट्रीयता वह होगी, जो देश की सीमाओं को न मानकर सभी मुसलमानों को एक करेगी। संसार भर में फैले हुए मुसलमानों का ध्यान मक्के की ओर रहना चाहिए, क्योंकि मक्का इस्लाम की राजधानी है और इस्लाम का राज्य सारे संसार में फैला हुआ है।

एकता की बाधाएँ

देश का बँटवारा हो जाने से यह स्पष्ट हो गया कि हमारी एकता कमजोर थी और वैर-फूट के भाव प्रबल थे। लेकिन पाकिस्तान बन जाने के बाद भी भारत हिन्दुओं का देश नहीं बना, उसमें काफी संख्या में मुसलमान भी मौजूद हैं। अतएव बँटवारे के बाद स्पष्ट हो गया है कि हिन्दू-मुस्लिम-एकता के बिना भारत का आज भी कल्याण नहीं है।

हिन्दू-मुस्लिम-एकता की मूल बाधाएँ क्या हैं?

हिन्दू का मानसिक दृष्टिकोण उदार होता है यानी सभी धर्मों को एक समान पवित्र और महान मानने में उसे कोई दिक्कत नहीं होती। लेकिन मुसलमान के लिए इस विश्वास को हृदयंगम करना कठिन होता है कि सभी धर्म उतने ही सच्चे और पवित्र हैं, जितना सच्चा और पवित्र इस्लाम है। इसके विपरीत मुसलमान का सामाजिक आचार अत्यन्त उदार

होता है। इस्लाम छुआछूत नहीं मानता, न आदमी और आदमी के बीच भेदभाव बरतता है; किन्तु हिन्दू के सामाजिक आचार संकीर्ण होते हैं। अपने प्यारे से प्यारे मुस्लिम दोस्त को भी हिन्दू अपने चौके में नहीं खिला सकता और एक समय जिन बरतनों में मुस्लिम दोस्त खाते थे, उन बरतनों को हिन्दू आग में शुद्ध करता था। जब हिन्दुओं ने मुसलमानों के साथ इतना गर्हित व्यवहार किया, तब क्या अचरच कि देश बँट गया?

एकता की दूसरी बाधा यह है कि जिस देश पर मुस्लिम हुकूमत नहीं है, उस देश के मुसलमान अपने को द्वितीय श्रेणी का नागरिक समझते हैं और मन उनका हमेशा शंका से भरा रहता है। किन्तु यह भावना सद्व्यवहार से हटाई जा सकती है। जो राज्य धर्मनिरपेक्ष है, उस पर किसी भी एक धर्म का अधिकार नहीं होता। हमें सबूत इस बात का देना होगा कि भारत पर अगर मुसलमानों की हुकूमत नहीं है, तो उस पर हिन्दुओं की भी हुकूमत नहीं है। यह कार्य समय-साध्य जरूर है, किन्तु हिन्दू अगर सावधान रहकर धर्मनिरपेक्षता का पालन करते रहे, तो उसका अनुकूल प्रभाव मुसलमानों पर भी पड़ेगा।

लेकिन सबसे बड़ा काम यह है कि हम अपनी धार्मिक भावना को परिष्कृत करें, उसे नवयुग के अनुकूल बनाएँ। धर्म के आनुष्ठानिक पक्ष अब कमजोर हो गए हैं, लेकिन उसका आध्यात्मिक पक्ष आज भी बलवान है। जैसा कबीरदास जी ने कहा था, हम वैज्ञानिक युग में आकर शाखाओं से उतर रहे हैं, मूल पर पहुँच रहे हैं। आगमों से धर्मों की अनेकता बढ़ती है, निगम धर्मों को परस्पर करीब लाते हैं। निगम धर्म का जन्मस्थान है। निगम की दृष्टि से एक धर्म से दूसरा धर्म भिन्न नहीं होता। यह समझना भूल है कि एक धर्म मुक्तिदाता होता है और दूसरे से मुक्ति नहीं मिलती। सभी धर्म एक हैं। धर्म का बहुवचन नहीं होता। इसीलिए रवीन्द्रनाथ ने कहा था, 'धर्म को पकड़े रहो। धर्मों को छोड़ दो।'

स्वामी विवेकानन्द कहते थे कि वेदांत के मन और इस्लाम के शरीर के मिलन से जो धर्म उत्पन्न होगा, वह भारत का आदर्श धर्म होगा यानी हिन्दुओं के सामाजिक आचार मुसलमानों के आचार के समान उदार होने चाहिए और मुसलमानों की मानसिक उदारता हिन्दुओं की उदारता के समान निस्सीम होनी चाहिए। वैज्ञानिक युग में भी झगड़े की बातें अनेक हैं, लेकिन इस युग में धर्म को लेकर झगड़ा करना बिलकुल बेहूदी बात है।

❂❂❂